CIS KOREAN 그들은 누구인가

유라시아 대륙 한민족통사

# 고려사람들 까레이스키

이 창 주
Prof. Dr. Tshangchu RHEE

사진으로 보는 KOREAN DIASPORA 기원 -
블라디보스톡 조선사람 고려인 사회

▲ 1910년대 초 블라디보스톡 한인 집장촌

▲ 러시아 인상파 화가가 담은 연해주 조선사람 조선인 마을

▲ 1890년 블라디보스톡 역에 도착한 조선사람들

▲ 1920년 초 신한촌 러시아정교 한인교육장

▲ 1920년 초 신한촌 한인학교

▲ 1920년 초 신한촌 한인대표언론 선봉 편집 기자 일꾼

▲ 1920년 초 신한촌 한인방송국 보도 일꾼들

▲ 고려인 강제이주 전 연해주 조선극장 배우들

▲ 1910년대 신한촌

▲ 1924년 일제습격 신한촌 참변 현장

이 책은 중앙아시아 강제이주 80년을 맞아
고려인 중앙아시아 정주 80년 기념사업회
국제한민족재단 공동기획으로
출판되었다.

## **корейский** 까레이스키

구 소련, 독립국가연합에 살고 있는
한민족, 고려사람(Koryo-saram)을 일컫는 러시아 말이다.
19세기 압록강과 두만강을 넘어 월경한 조선민족을 가리켜
러시아 사람들은 **корейцы** [까레이쯔]라고 불렀다.

### 고려사람(Koryo-saram) · 고려인

연해주 시베리아 땅으로 이주한 한민족은 조선백성이었다.
그래서 그들은 조선민족, 조선인으로 자신과 서로를 부르고 소개했다.
정착촌이 조선마을 이었고, 언어는 조선어였다.
항일투쟁 민족운동은 조선독립이고 조선사회였다.

1921년 이르쿠츠크(Irkutsk) 고려공산당이 결성되자
연해주 조선인 매체로 발행되던 『레닌기치』에서
조선인을 고려인 이라고 표기하며
오늘의 고려인으로 불려 내려오고 있다.

# 차례

서문

제1장 　한반도-러시아 관계의 역사적 배경　　19
　　　1. 한민족의 러시아 기원　　21
　　　2. 한반도 한민족의 러시아 근현대사　　30
　　　3. 외교적으로 본 조선과 러시아 관계사　　37


제2장 　러시아의 한반도 통사　　43
　　　1. 한반도의 운명을 바꾸어 놓은 러-일 전쟁과 포츠머스조약　　45
　　　2. 한반도 분단사의 진실과 러시아 : 동북아미소냉전체제분계선　　52
　　　3. 소련군의 한반도 점령군 해방군 논쟁　　57
　　　4. 한국전쟁과 소련　　63

제3장　조선민족 디아스포라 :
　　　　고려인 대륙역사 빛과 그림자　　　　　　　　　67
　　1. 대한독립운동의 발원지　　　　　　　　　　　69
　　2. 러시아에서 전개된 민족운동과 사회주의 영향　　78
　　3. 러시아 한인 민족 독립운동의 양대 참변사와 조선공산당　82
　　　　가) 4월 참변- 신한촌 참변　　　　　　　　82
　　　　나) 자유시참변(自由市慘變)- 흑하사변(黑河事變)　85
　　4. 애국계몽운동 독립운동 성지 신한촌　　　　　90
　　5. 고려인 독립운동과 사회주의 민족운동　　　　97
　　6. 극동 시베리아 3대거목　　　　　　　　　　101
　　7. 조선의 지식인 혁명과 사회주의를 만나다　　　112

제4장　러시아 이주 150주년 통사(痛史)　　　　　　117
　　1. 조선민족의 러시아 이주　　　　　　　　　　119
　　2. 고난과 역경의 굴곡진 러시아 정착사　　　　125
　　3. 소비에트 극동의 조선인들　　　　　　　　　135

제5장　고려인의 강제이주　　　　　　　　　　　　139
　　1. 스탈린 고려인 집단 강제이주 정책과 실상　　141
　　　　가) 이주정책의 배경　　　　　　　　　　　145
　　　　나) 강제이주 실상　　　　　　　　　　　　149
　　　　다) 조선인 특별강제이주　　　　　　　　　157
　　2. 강제 디아스포라의 정착　　　　　　　　　　160
　　　　가) 고난과 재생의 길　　　　　　　　　　　160
　　　　나) 실크로드에 다시 선 까레이스키　　　　165

|  | 3. 고려인 강제이주의 민족사적 규명 | 172 |
|---|---|---|
|  | 가) 한민족 이주사의 최대 비극적 사건 | 172 |
|  | 나) 고려인 사회의 문제와 과제 | 176 |
| 제6장 | 일제에 끌려간 조선인-사할린 고려인 | 181 |
|  | 1. 사할린 고려인들의 역사적 배경 | 183 |
|  | 2. 이중강제징용과 억울한 죽음들 그리고 북조선으로 떠난 사람들 | 190 |
|  | 3. 사할린동포들의 투쟁과 소망 | 196 |
| 제7장 | 새로운 시련 : 소련 고려인에서 독립국연합 고려인으로 | 205 |
|  | 1. 끝나지 않은 유랑 | 207 |
|  | 2. 독립국연합 창설과 소련연방 해체 후의 고려인 사회 | 212 |
| 제8장 | 고려인 중앙아시아 정주 80주년 | 217 |
|  | 1. 우슈토베 고려인 아리랑 | 219 |
|  | 2. 고려인 중앙아시아를 품다 | 224 |
| 제9장 | 한반도와 러시아 | 233 |
|  | 1. 한반도와 러시아 관계 | 235 |
|  | 2. 한국과 러시아의 대외정책 전략 | 239 |
|  | 3. 러-중 협력관계와 한반도 | 241 |
|  | 4. 러시아와 한반도 관계의 시대적인식과 실용외교 | 246 |
|  | 5. 한국과 러시아의 파트너십과 새로운 미래 | 254 |
|  | 6. 태평양 시대 허브를 향한 푸틴 동진정책과 한반도 | 260 |

후기

―
서문

# 고려인
# 중앙아시아를 품다

　인류 디아스포라 역사에서 가장 비극적인 사변의 하나인 1937년 극동 시베리아 고려인 중앙아시아 강제이주가 2017년 80년이 되었다. 참혹한 강제이주 길, 처절했던 정착과정, 흔적 없이 묻혀진 희생의 세월이었다. 조국이 버리고 역사가 외면했지만 역경을 딛고 고려인들은 유라시아 대륙에 다시 섰다. 그리고 중앙아시아를 품었다.

　독립국연합에 흐르는 고려인사는 나라 잃은 시대 독립운동 애국계몽운동과 조선의 지식인들이 세계관에 눈을 뜨고 시대에 저항하던 구국물결의 모태이자 뿌리이었다. 맨주먹 도전과 개척의 역사는 압록강과 두만강을 넘은 최초의 코리아타운 효시이자 민족의 힘 신화를 열었다.

중앙아시아 메인 스트림 일원으로 성장 발전한 고려인사회는 용서와 치유가 공존한다. 그래서 고려인중앙아시아강제이주80년이 아니라 고려인중앙아시아정주80년으로 기념되기를 바란다. 그러나 시대의 소임은 아직도 제대로 규명되지 못하고 여백으로 남아 대륙의 역사속에 흔적하고 숨결하는 애환 감동의 잃어버린 기억의 한반도 한민족 통사의 진실을 밝히어 가야 한다.

고려인강제이주80년기념사업회 출판사업에 의해 필자의 조선민족 러시아 이주150년 통사를 증보하여 이책을 펴낸다. 한 정치학자의 천착으로만은 굽이 굽이 서린 사료를 집대하는 한계로 미흡한 부분이 많을 것이다. 독자들의 양해와 이해를 삼가 바란다.

상트페테르부르크대학 국제관계학부 스몰린 연구실에서
이창주

제1장

# 한반도-러시아 관계의 역사적 배경

1. 한민족의 러시아 기원
2. 한반도 한민족의 러시아 근현대사
3. 외교적으로 본 조선과 러시아 관계사

## 1. 한민족의 러시아 기원

최초의 한민족과 러시아 사람의 접촉은 고려시대에서 시작된 것으로 기원되고 있다. 그러나 이에 대한 문헌이나 기록적인 증거가 없다. 따라서 북정일기[1]에 나타난 1654년에서 1658년 조선의 흑룡강 원정이 이루어진 시점을 기준으로 러시아 관계사가 시작된 것으로 간주하고 있다. 당시 청나라는 동진하는 러시아 세력을 막으려고 조선 왕 효종에게 출병을 요청하였고 조선왕조는 이를 받아들여 신유 장군이 이끄는 조선 원정군을 파견, 스테파노프(Stepanov) 러시아 부대를 격퇴하였다. 역사적 기록에 의하면 당시 시베리아는 흑룡강과 우수리강을 경계로 중국과 러시아가 이웃해 있고, 우수리강 하구는 조선의 두만강과 합쳐진다.

1643년에서부터 1646년까지 시베리아에 대한 제정 러시아의 식민정책이 시작되면서 러시아인들이 흑룡강 왼쪽 지역을 점유하게 되고 1680년대에 러시아인 마을과 군사 거점이 이곳에 생겼다. 1689년 청나라가 러시아와 체결한 네르친스크 조약에 의해 흑룡강 지방으로의 러시아인 이민은 중단되었지만 러시아 팽창주의는 그 이후 쿠릴열도, 알류산열도, 알래스카로 확대되어 갔다. 1849년에는 러시아제국 해군이 사할린섬과 대륙 사이의 따따르 해협 및 흑룡강구를

---

1. 북정일기 [北征日記] 1712년(숙종 38) 청나라 목극등(穆克登)과 백두산 사계시(査界時)에 조선측 대표로 참여하였던 접반사(接伴使) 박권(朴權)이 조선과 청나라간의 국경 조정에 있어서 백두산정계의 조사과정을 기록한 한문 일기

측량해 군함 항행길을 열어 1850년 니콜라예프스크에 둔영(屯營)을 설치하게 되면서부터 흑룡강 지방이 러시아령에 속한다는 일방적인 선언을 하였다. 뒤이어 동시베리아 총독인 무라비예프 백작이 흑룡강 입구를 장악하면서 시베리아 지배가 시작되고 연해주 지방까지 확장하려 하였다.

청나라는 1858년의 아이훈 조약에서 흑룡 지방을 러시아 영토로 인정했다. 다시 1860년 북경조약에서는 연해주 및 우수리 지방마저 러시아령으로 인정하게 되었다. 북경조약으로 제정러시아와 조선 한반도가 이웃하는 나라가 되었으며 이를 기점으로 러시아 문서에 최초로 조선인 문제가 기록되었다. 다시 말해서 연해주에 조선인들이 살고있다는 것이 밝혀진 것이다. 이는 북경조약 이전에 이미 조선인들이 이 지역에서 거주 하고 있음을 의미하는 것이다. 1800년대 들어서는 조선 사신과 러시아 사신이 북경에서 외교적 형태의 접촉이 이루어진 것으로 전해지고 있다.

러시아 공식 문서기록을 근거한다면 조선인들의 연해주[2]이주는 1862년을 시작으로 하지만 일부 연해주 지방 문서에는 조-러간의

---

2. 러시아 영토로, 두만강 위쪽 동해에 인접해 있는 지역. 시베리아의 동남단 흑룡강(黑龍江)·우수리강(烏蘇里江)·동해로 둘러싸인 지방. 면적 16만 5,900㎢. 연해지방이라고도 한다. 대표적인 도시는 블라디보스톡('동방을 지배하라'의 의미) 이 지역은 발해의 일부 영토이기도 하였으며, 조선 후기 청나라가 러시아와 싸울 때 조선에게 원군을 요청하여 두 차례에 걸쳐 나선 정벌을 한 곳이다. 연해(沿海) 지방은 프리모르스키(Primorskiy) 지방을 한국어로 의역한 것이다.

외교관계가 없었기 때문에 그 시기가 정확하게 기록되지 않았을 뿐이지 실제는 훨씬 이전부터 부정기적 불법적으로 월경해 온 조선인들이 상당수였다고 기술되고 있다. 그러나 공식적으로는 1863년 우수리 구역 치진허 강가에 조선인 13 가구가 농사를 짓고 있었다는 것이 조선인 러시아 이주의 효시로 기록되고 있다.

1867년-1869년 우수리 지역을 살펴본 러시아 여행가 포르체발키의 기록에는 치진혀, 얀치허, 시디미 마을에 1,800여 명의 조선인들이 살고 있다고 쓰여져 있다. 1869년 조선에서의 대 흉년으로 연해주로 넘어오는 조선인 이주자가 급증하여 8,400여 명에 달하게 되었고 수이픈 강가를 중심으로 콘스탄틴노브스키(Konstantinovsky), 카자케비체프카(Kazakevichevka), 푸칠로프카(Puchilovka), 코르사코프카(Korsakovka) 지역에 조선인 거주지가 형성되었다. 이 시기 조선인들의 이주 형태는 작은 집단을 이루어 두만강을 넘었으나 점점 큰 무리가 되어 갔으며 월경 루트도 야밤을 통한 러시아-만주 국경을 이용하는 등 규모화 다양화 되었다.

▶ 초기 러시아 이주 한인들

이러한 추세에 따라 1876년에는 사마르키(Samarky) 강가에 최초의 대규모 조선인 마을인 브라고스로벤노예(Vlagoslovennoye)가 건설되었다. 1884년 조선과 러시아 사이에 외교관계가 수립되고 1888년 조-러 통상협정이 체결되면서 조선인 이주에 대한 규제가 실시되었다. 일종의 이민법이 시행된 것이다. 양국 협정 제2장 4항에는 "조선신민이 여권을 소지하지 않고 러시아 영토 안에 잠입하려는 자가 적발되면 러시아 관헌이 검거 조사 억류하여 본국으로 송환하며 러시아 신민이 조선에 입국할 때에도 이와 같다"라고 되어있다.

그럼에도 불구하고 조선인의 연해주 이주자가 멈추지 않자 1900년대 초 러시아 당국은 조선인 이주자를 세가지 종류로 구분하여 다루었다. 첫째 부류는 1884년 6월 25일 이전에 러시아로 이주하여 러시아 시민권을 취득할 자격이 되는 사람, 둘째 부류는 이 이후에 입국한 자로 2년 안에 자기업을 정리하여 조선으로 돌아가야 하는 사람, 셋째 부류는 일을 하기 위해 일시적으로 러시아에 들어와 있는 사람으로 선별하였다. 첫째 부류가 러시아 이민법에 의한 혜택을 받을 수 있는 사람들이다. 그러나 이에 해당되는 사람은 전체 조선인의 20-30% 밖에 되지 않았다.

1800년대 조선인들이 두만강과 만주의 국경선을 넘어 연해주로 이주한 동기는 조선왕조의 불안정한 국내정세와 환경 및 기근에서 비롯되었다. 초기 이주자들은 조선 내 봉건지주들과 악덕 벼슬아치들의 가혹한 착취, 수탈, 기아를 피해 만주지방으로 탈출하였으며 그들 중 일부가 우수리강을 건너 러시아 변방 연해주로 흘러 들어갔다. 이 시기 유민들의 대부분은 함경도 농민과 어민들로써 거의 노예상태 생활을 하던 소작인들이었다. 여기에 가뭄과 흉년이 지속되고 세도 정치와 부패, 홍경래 난 등 잦은 민란으로 피폐하고 극심한 고통을 겪고 있었다. 조선과 지리적으로 인접해있으며 이주가 용이한 연해주가 사람이 거의 살지 않는 넓은 신천지로 여겨지면서 새 땅을 찾아나서는 사람들이 모이기 시작하였던 것이다.

1900년대 들어서는 일제 침략과 식민억압 정책을 피해 도피 이주하는 사람들이 가세 하였다. 이들에게는 연해주가 선호의 대상이었다. 그 이유는 중국인, 만주인, 일본인들에게 적대감을 갖고 있던 조선 민중들이 처음 경험하는 서양사람 러시아인들에게 호기심을 갖게 되었고 수탈적 소작이 아닌 자기 경작을 할 수 있었기 때문이었

▶ 초기의 이주자들

다. 조선인 이주자들에 대한 러시아 태도는 일정치 않았다. 코르사코프(M.S. Korsakov), 두코브스키프(Dukhovskiv) 같은 연해주 총독은 지역 개발을 위해 조선인 이주자들의 노동력을 이용하자는 정책을 가지고 있었지만 반면 운테르베르게르(P. F. Unterberger) 총독 같은 사람은 조선인 이주자들에 대하여 부정적 태도를 취하였다.

운테르베르게르는 중앙정부에 보낸 보고서에서 "조선인들은 연해주 정착에 혈안이 되어 있으며 러시아 시민권을 획득한 조선인들은 촌락과 경작지 등 자신들의 관할지를 지나치게 넓혀가고 도처에 조선인들 이주를 위해 근거지를 마련해 나가고 있는 바 이를 저지하는 것이 필요하다. 그러나 러시아 주민들은 조선인들의 노동력을 선호하고 호의적이어서 우리의 정책에 대해 협력하지 않는다. 많은 지역들이 조선인들에 의해 점거되고 있기 때문에 이러한 상태가 발전되면 연해주에서 러시아인의 지배력은 쇠퇴하게 된다. 따라서 러시아인들의 거주가 확대되어야 한다"고 평가 하였다. 1908년 제정러시아 당국은 조선 국경에서 블라디보스톡에 이르는 회랑지역에 조선인들만의 밀집지역이 형성되는 것에 대해 심각한 우려를 표명하였다.

이렇게 될 경우 이 지역이 조선인 문화생활권이 될 것이라는 예측을 한 것이었다. 이러한 자세의 배경에는 조선인들의 토지에 대한 애착도가 특별하다는 점을 들고 있다. 하지만 연해주 러시아 지식인들은 조선인들의 근면과 농사기술에 대해 긍정적이었다. 1900년대 들어서서 조선인의 러시아 이주는 계속적으로 증가되어 갔다. 조-러 국경을 통해, 러시아-만주 국경을 경유, 바다를 건너 연해주로 모여드는 조선이주자들은 중심축을 이루던 함경도 출신을 넘어 중부 남부 사람들까지 합류되었다.

1910년 일본의 고베와 조선의 청진항으로부터 배편으로 블라디보스톡에 도착한 조선인 이주자들도 2,004명이나 되었다. 그러나 조선인 이주자들이 크게 증가하면서 정착과정은 경쟁적이고 순탄하지 못하였다. 경작할 땅을 얻지 못한 사람들은 소작이나 조삭일을 해야만 했고 시민권을 취득하지 못한 경작자들은 국외 추방 위협 속에 여러 종류의 세금이 부과 되었다. 부패권력이 극성을 부리던 제정러시아 짜르[3] 정부 말기 조선인의 이주 보고서는 다음과 같이 쓰고 있다. "세금정책은 조선인 노동자를 약탈하기 편리한 방법으로 시행되고 짜르정부 관리와 헌병들은 횡포를 부리고 있다. 땔감 벌목을 하거나 상투를 베지 않거나 정교를 믿지 않으면 벌금형태의 세금을 부과하고 있다" 남의 나라 땅 이주정착과정에서 겪는 서러움과 이질적 생활 문화와의 충돌 현상들이 자주 일어났다.

조선인 촌락과 거주기반이 형성되기 시작하던 1900년에 들어서면서 조선인 이주자들은 러시아 생활에 동화하려는 추세가 나타나고 러시아 시민권 획득에 적극성을 보였다. 1910년 블라디보스톡, 하바

---

3. 차르[tsar] 어원은 라틴어의 '카이제르'이다. 중세의 슬라브계에서 국왕을 의미하고, 공식적으로는. 러시아에서는 이반 3세 칭호로 쓰기 시작하여 1721년 표트르 1세 황제 칭호가 차르[tsar]로 된 이후 이것이 제정러시아 군주의 정식 명칭이 되었다.

로프스크, 니콜스크-우수리스크 등지에서 러시아 시민권을 가진 조선인들이 생겨나면서 조선인 사회는 러시아-조선인과 조선신민-조선인들로 구분되었다. 그러면서도 한민족 역사문화를 보존하고 지키려는 데에는 한마음이었다. 연해주 조선인들은 조상을 섬기는 5월 한식과 8월 추석명절을 공휴일로 정하여 제사를 지내고 민속놀이, 운동경기, 음악회 등 친목행사를 이어나갔다. 조선인들의 직업 분포를 보면 농업, 어업, 일반상업, 주류업, 단순노동 등 다양화 되었지만 대표적인 것은 벼농사였다.

1905년 조선인들의 본격적인 벼농사가 시작된 것으로 기록되고 있는데 수리시설도 갖추지 못한 황무지 같은 벌판에서 벼농사를 짓는다는 것에 대해 러시아 당국이나 주민들은 회의적이었지만 조선인들은 이를 성공시켰고 꾸준한 노력으로 농토를 비옥하게 하고 소출을 늘려 1917년에는 곡창지대로 발전하였다. 1928년에는 조직적인 조선인 벼농사조합도 결성되었다. 1928년 통계에 의하면 벼 재배 농부가 11,378명 이었는데 이 가운데 러시아 사람이 1,196명, 중국인이 6명이고 나머지는 모두 조선인들이었다. 1925년 세워진 벼 재배 10개년 계획을 보면 1926년 재배면적이 1만 3천 헥타르, 1936년에는 9만 4천 헥타르를 목표하였는데 이 계획은 조선인 벼농사 성장을 기반으로 만들어진 것이었다. 벼농사는 조선인 정착의 근본이자 연해주 벼농사 개척사였다.

벼농사를 기반으로 정착에 성공한 조선인들은 1914년 블라디보스톡 동쪽 해안 산 기슭에 6만3천여명이 거주하는 신한촌을 건설하고 조선인 학교를 세웠으며 『해조신문』, 『권업신문』, 『대동공보』 등 우리말 신문들을 간행하였다. 1922년에는 연해주에 조선인을 위한 학교가 45개에 달했는데 1927년에는 무려 267개로 늘어났다. 이렇듯 1900년대 초 연해주 조선인 사회는 전반적인 생활에서 한민족의 얼과 역사 문화를 유지하였다. 그러나 1917년 10월 러시아혁명과 이후에 전개된 소련연방의 정치 경제 제도는 조선인들의 생활을 바꾸어 놓는 계기가 되었다. 그리고 1922년을 기점으로 연해주 조선인들과 모국관계는 단절되어 가면서 정체성이 상실되어 가기 시작하였다.

## 2. 한반도 한민족의 러시아 근현대사

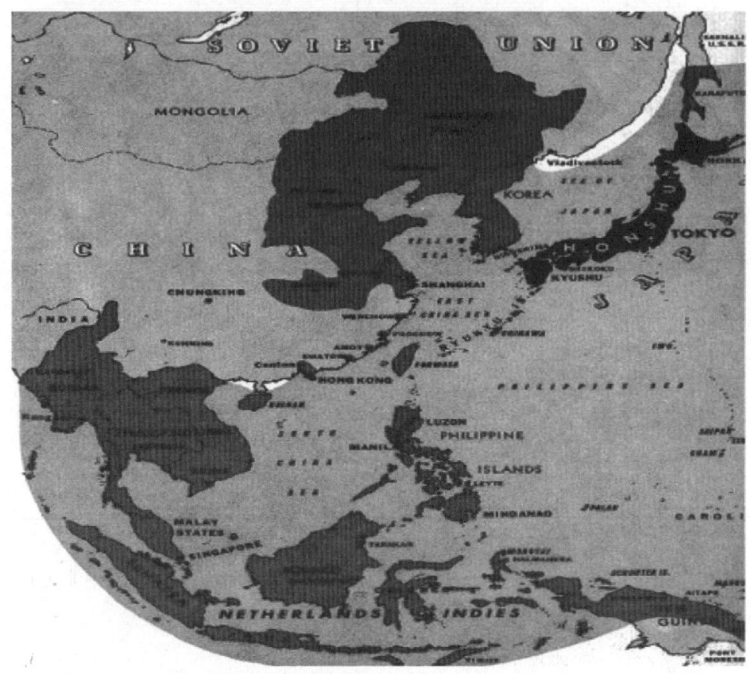

한-러 관계는 일반적으로 알려지고 파악된 것보다 훨씬 길고 드라마틱 하며 한반도 현대사에 지대한 영향과 밀접성을 갖고 있는 국제관계사다. 조선, 대한제국, 대한민국, 조선민주주의인민공화국과 제정러시아, 소련연방, 러시아연방으로 이어지는 국가변혁 역사의 굽이굽이에서 양국관계는 부딪치고 협력 하여온 세계사에 유래가 드문 특별하고 독특한 사이이다. 한-러 관계 역사는 1652년 청나라 나선정벌 합류를 기점으로 350년이 넘으며 이것은 한반도 서방세계 국제관계사의 최초 이자 한민족이 서방을 상대로 전쟁을 하고 승리한 초유이다.

1860년 한민족 연해주 이주는 최초의 한민족 해외 개척사이며 이주국가였다. 1914년에 형성된 블라디보스톡 신한촌은 세계 최초의 코리아타운이었다. 그러나 러시아 한민족 정착사에는 스탈린의 강제이주, 일제 강제징용의 참혹한 양대 고려인 수난사가 함께 하고 있다.

▶ 블라디보스톡 신한촌 조선인 활동무대

러시아는 한반도 독립운동의 무대였고 독립군이 창설된 현장이며, 조선공산당이 창건되고 한민족사회에 사회주의 이념을 전파시킨 역사의 현장이다. 러시아에서 한민족은 사회주의 혁명을 만나고 경험했으며 세계관을 넓히고 새로운 인식을 하게 되었다. 러시아에 있던 독립운동세력들의 러시아 혁명 참가, 코민테른 참가 등은 한민족 지식인 사회가 최초로 국제정치와 국제정세에 관계한 사례가 된다.

러시아는 한반도와 만주 지배권을 놓고 벌인 러일전쟁에서의 패배로 포츠머스강화조약[4]에서 조선반도를 일제에 넘겨주는 비운의 역사를 맞게 한 당사자이다. 또한 한반도의 해방 분단 전쟁과 북한정권 창출에 관여한 국제세력이다. 이렇게 빛과 그림자가 교차하면서 러시아는 한반도 현대사에 깊게 연관되어 왔다.

일세기 전 한반도를 둘러싸고 일어난 전쟁은 일본·중국·러시아가, 반세기 전의 한국전쟁에서는 미국·중국·러시아가 싸웠다. 그리고 이들의 거래에 의해서 한반도의 역사는 한민족의 의사와 무관하게 잘못되고 왜곡되어 왔다. 한세기가 지난 지금 미국·일본·중국·러시아가 한반도 미래를 논하고 있다.

러시아 연해주는 한민족 고난의 역사를 담은 현장이며 실체이고 임시정부의 근거가 된 국민회의 연해주의 망명정부가 세워졌던 곳이다. 그러나 연해주 독립운동은 사회주의 운동이었다는 극우세력들의 그릇된 역사관으로 한민족 현대사에서 제대로 인식되지 못하였다.

---

4. 포츠머스조약(Treaty of Portsmouth)은 1905년 9월 5일 미국 뉴햄프셔 주에 있는 군항도시 포츠머스에서 일본외상 고무라 주타로와 러시아 재무장관 세르게이 비테 간에 맺은 러일 전쟁의 강화 조약으로 일본은 한국에 지배권을 획득하였다. 미국 대통령 시어도어 루스벨트는 이 조약의 주선으로 노벨 평화상을 수상하였다. 조선은 원래 청나라의 영향력 아래 있었던 조선이 개항 이후 청나라, 러시아, 일본이 조선에 대한 지배권을 놓고 다투었는데, 일본이 1895년 청일 전쟁에서 승리한 데 이어 1905년 러일 전쟁에서도 승리하면서, 조선에 대한 지배권을 확보하게 된다.

1921년 6월 연해주자유시 알렉시예프에서 일어난 이 지역 양대 한인무장 세력인 고려혁명군(자유대대)과 대한의용군(사할린의용대)간의 충돌, 이른바 우리민족운동사에서 자유시사변으로 기록되어 있는 조선항일세력들간의 전투에서 러시아 볼셰비키 적군의 지원을 받은 고려혁명군이 승리를 거두자 극동지역 조선인 사회는 빠른 속도로 러시아 공산당에 편입되기 시작하였다. 러시아 혁명을 완성한 볼셰비키들은 연해주를 무대로 항일무장투쟁을 하고 있는 다양한 한인세력들의 통합을 계획하였다. 또한 극동지역의 공산화를 위해서는 일본제국주의 식민지 정책에 격렬하게 저항하고 있는 한인 유격대 및 망명자들의 역할이 절대적이라는 분석을 하였다. 이러한 전략에 따라 1920년대 러시아는 조선인들에 대한 지원정책과 동화정책을 병행실시 하였다. 민족고유의 문화와 역사, 언어, 교육, 출판 등이 허용되고 조선인에 대한 토지분배가 실시되었으며 국적취득절차도 간소화 하는 등 러시아인과의 차별성은 있지만 상당한 유화정책이 실시되고 있었다.

　이러한 영향으로 1920년대 조선인의 러시아 이주는 최고조에 달해, 1942년 원동혁명위원회가 소련 공산당 중앙집행위원회에 보낸 보고서에 의하면 1923년 12월말 극동지방에 130,000명의 조선인이 거주하고 있는 것으로 나타났다. 이것은 1894년 소선족이주가 3,000가구에 10,000명 정도로 발표된 제정러시아 통계에 비하면 엄청난 증가였다. 1924년에는 전소련조선족협회도 조직 되었다. 1926년 러시아 공산당 극동지역집행위원회 소수민족담당 전권대표 김기령의 조선족 총화 보고에 의하면 극동지역에만 조선족의 수가 160,000명이 넘어섰으며, 유치원에서 전문사범학교까지 176개의 조선인 학교와 300여개의 문맹퇴치학교가 설립되고 정치, 행정기구진출, 협동조합, 집단농장과 같은 자체적 경제조직 운영 등 조선족 자치주 설립 문제까지 논의되는 단계에 이르렀다.

▶ 연해주에서 활동하던 조선인 지식인들

조선인 사회성장과 더불어 소련은 조선공산당 창건작업을 적극화하기 시작하였다. 조선, 중국, 일본의 프롤레타리아 혁명을 목표로 하는 소련공산당 주도의 코민테른5, 즉 국제공산당은 조선인의 항일

---

5. 코민테른[Comintern] 1919년 모스크바에서 창설된 공산주의 국제 연합으로, 공산주의 인터내셔널(Communist International)의 약칭. 전세계 노동자들의 국제적 조직. 제3인터내셔널이라고도 한다. 제1차 세계대전으로 제2인터내셔널이 와해된 후, 레닌의 지도하에 1919년 모스크바에서 창립되었다. 마르크스·레닌주의에 기초하여 각국의 공산당에 그 지부를 두고 각국 혁명운동을 지도·지원했던 조직으로 1943년 해산되었으며, 한국공산주의 창건 운동이 이와 밀접한 관계를 맺으며 전개되었다.

정신과 그 투쟁열기를 대제국주의 투쟁 및 부르주아투쟁으로 발전시키는 것이 가장 중요하다고 판단하였다. 항일망명자와 기아에서 탈출해 온 소작계급들이 주류를 이루었던 조선족들은 국제공산당조직에 쉽게 합류하게 되고 확산되기에 이르렀다.

이러한 현상은 역사적으로 조선공산당이 중국공산당에 앞서 극동지역에서 최초로 창건된 배경이 된 것이다. 러시아 혁명정부가 1920년대 대규모의 조선이민을 받아들인 형식적인 이유는 연해주지역의 개발과 피압박 민족의 해방을 돕는다는 것이었다. 그러나 그 근본적인 핵심 배경은 조선의 사회주의혁명과 동북아의 프롤레타리아 혁명을 위해서 일본의 식민통치에 시달리고 있는 조선인의 환경과 형편, 상황이 가장 적절하다고 판단되어 이를 선택하였다고 볼 수 있다.

1920년대 성공적인 사례로 평가되는 조선인 연해주 정착과 한민족 현대사에서 가장 참혹하고 비극적 사건인 1937년 연해주고려인 중앙아시아 집단강제이주가 일본의 침략정책과 밀접한 연관성을 갖는다. 1937년 8월 21일 스탈린과 몰로토프 수상의 서명으로 이루어진 고려인강제이주 명령서 한장으로 러시아 고려인들의 운명은 바뀌었다. 일구어 놓은 땅과 집, 가축, 그리고 대풍의 수확을 남겨놓고 행선지나 예정도 없이 열악한 화물열차에 실려서 상세이주 길에 나서게 된 것이었다. 당시에는 이주의 이유도 모른 채 끌려나갔다. 조선인들이 일본첩자들과 관련되어 있기 때문이라는 사실은 강제이주 정책이 마무리된 한참 후에 밝혀졌다.

이주 전 러시아 고려인들은 거의 모두 러시아 혁명 동참과 조선독립항일운동을 해 온 민족세력이다. 이들은 흘린 피와 땀 그리고 고통의 역사에 비해 너무도 잔인한 삶을 살아왔다. 지금 독립국연합(구소련)에 산재해 있는 고려인들은 1920년대 연해주에서 그들이 갖고 있던 조선학교도, 모국어도 잃어버렸다. 프롤레타리아 독재에 편입되어 공산주의 땅에서 살게 된 역사적 잘못으로 인하여 아무런 역사적 공과가 없는 타 지역의 한인사회에 비해 간과되고 아직도 상대적으로 척박한 삶을 살아가고 있다.

## 3. 외교적으로 본 조선과 러시아 관계사

러시아가 동북아에 외교적 정치적으로 등장한 것은 1860년 러-중 베이징 조약 때이다. 이 조약으로 연해주를 차지함으로써 유럽과 아시아를 잇는 유일한 대륙국가로써의 위치를 점하게 되었다. 그리고 조선에 진출한 것은 갑신정변 3개월 전인 1884년(고종 21년) 7월 7일 조선과 러시아의 기본조약인 조러수호통상조약[6]이 체결된 시점이다. 러시아 외교가 한반도에 상륙하기 전 조선은 일본과의 강화도조약 체결로 개항의 시대로 접어들었으며 영국과 미국 등 열강들의 진출과 외교 관계가 수립되었다. 이때부터 조선의 국제관계가 다변화 되기 시작하였다고 볼 수 있다.

대원군의 쇄국정책에 맞서, 개화론자들은 부국강병을 위해 문호개방을 주장 위정척사파[7]와 개화파로 국론이 양분되어 있는 상황에

---

6. 1884년(고종 21) 조선과 러시아 사이에 체결된 수교와 무역통상에 관한 조약, 당시 청나라와 일본이 서로 각축하고 있던 조선을 둘러싼 국제정세와 이에 대한 견제와 완충의 필요성에서 러시아는 조선의 정치무대에 등장하게 되었다. 조러수호통상조약은 갑신정변 후에 청을 견제하려고 미국과 관계를 강화하려 했으나 거절당하자 러시아와 교섭을 적극 추진한 결과이다. 그러나 조러수호통상조약은 러일전쟁에서 러시아가 패하면서 1904년 파기되었다. 1860'년의 청로북경조약(淸露北京條約)에 의해 비로소 조선은 러시아계국과 국경을 마주하게 되었다. 러시아가 조선에 관심을 갖게 된 것은 북경조약 체결 후 연해주(沿海州) 지방을 점령한 이후라고 할 수 있다.
7. 개국 후 개화를 반대하고 전통적인 것을 지키며 그것을 민족 주체 의식으로 여긴 사람들로, 대개 유교 사상에 젖은 이항로, 기정진, 최익현 등 유생이었다. 위정척사(衛正斥邪)는 조선 후기에 일어난 사회운동으로, 성리학과 성리학적 질서를 수호하고(위정), 성리학 이외의 모든 종교와 사상을 사학(邪學)으로 보아서 배격하는(척사) 운동이다. 이 운동을 하는 정치세력을 위정척사파라 부르기도 하는데, 이는 유교 학파이기도 하다. 또한 전통 사회 체제를 고수했으므로 수구당이라고 불렸다.

서 대원군의 몰락과 민씨 척족의 집권으로 혼란한 시기였다. 메이지 유신으로 대개혁을 단행한 일본은 조선에 관심을 돌렸다. 조선조정의 혼란기를 이용 일본은 3척의 군함을 파견하여 무력 시위로 서해안 측량을 핑계, 강화도로 접근, 연안포대의 포격을 유발하고 고의적으로 운요호사건을 일으켜 수호조약을 강요하였다. 청나라 대표 이홍장은 조선에 대해 프랑스, 미국과의 수교를 권고하고 있었으며 개항과 통상할 것을 요구하고 있었다. 1876년(고종 13년) 2월 조선은 개국을 결정하고 강화부에서 조선과 일본 사이에 강화도조약 일명 병자수호조약을 체결하였다.

조선이 개항정책을 취하게 된 이유는 대내적으로 민씨 척족 집권이 쇄국을 유지할 경우 대원군의 득세를 초래할 우려가 있었고 대외적으로는 청나라가 개국을 찬성하고 일본의 무력시위가 위협적이었기 때문이었다. 강화도조약으로 부산 원산 제물포 등의 항구 개항으로 조선이 세계무대로 등장하는 계기가 되었지만, 이로 인해 일본은 조차지를 확보하고 치외법권 지대를 설정하는 등 일본에 유리한 불평등 조약이었다. 이 불평등 조약이 원인이 되어 후일 일본의 조선침략 시발점이 된다. 강화도조약으로 조선에서의 청나라 종주권은 막을 내리게 되었고 서양 문물을 수입하는 전기가 되었다. 외세부터의 강요된 개항이었지만 한반도가 최초로 경험하는 세계관의 변화이고 국제관계로의 전진이었다. 그러나 이에 비례해서 열강의 경제적 침략을 받는 계기가 되었다.

▶ 러시아정교가 조선인 사회에 전파되기 시작했다.

    조선과 러시아의 관계는 다른 나라들과는 달리 청나라를 견제하는 제3의 국제세력이 절실히 필요했던 조선의 요청으로 이루어졌다. 임오군란[8] 이후 청의 간섭이 강화되고 일본 영국 미국의 열강들이 각축하자 고종은 러시아를 끌어 들였다. 1895년 청일전쟁에서 승리한 일본이 요동반도를 할양받고 조선에 대한 기득권을 내세웠으나 러시아·프랑스·독일의 이른바 삼국간섭(三國干涉)[9]으로 요동반도를

---

8. 임오군란은 1882년 8월 강화도조약 체결 이후 일본 후원으로 조직한 신식군대 별기군과 차별 대우, 봉급미 연체, 불량미 지급에 대한 불만과 분노로, 구 훈련도감 소속 구식 군인들이 일으킨 항쟁이다. 우발적으로 출발한 군란은 대원군 세력의 합류로 민씨정권 붕괴, 일본세력 배척 운동으로 전개되면서 대외적으로는 청나라와 일본의 조선에 대한 개입을 확대시키게 되고 외세의존으로 군란을 진압한 민씨 정권은 자주성을 상실, 정권 유지를 위해 청에 의존하게 되어 청나라의 간섭을 받게 되었다.
9. 삼국간섭 (三國干涉) : 일본의 遼東半島(요동반도) 분할에 반대한 러시아, 독일, 프랑스 3국의 간섭. 청·일전쟁 강화조약인 1895년 4월 17일의 시모노세키조약[下關條約(하관조약)]에서 일본은 전략적으로 중요한 위치를 차지하는 랴오둥 반도를 중국으로부터 얻었다. 이에 대해 러시아, 독일, 프랑스 3국 공사가 일본 외무성을 방문, 랴오둥 반도를 일본이 소유하는 것은 극동의 평화에 장애가 되기 때문에 그 영유를 포기할 것을 요청하였으며 일본은 이에 대응 전략으로 영국, 미국, 이탈리아와 함께 러시아 등 3국을 견제하는 시도를 하였지만 영국의 비협조로 랴오둥반도 포기를 결정하였다.

포기하게 된 일본은 이 틈새에서 러시아 세력이 형성되고 대륙진출이 좌절되자 을미사변을 일으켜 명성황후를 살해하고 친일내각을 세웠다. 그러나 명성황후 시해사건으로 조선민중의 일본에 대한 분노가 확산되고 각지에서 의병이 일어나고 전국이 혼란하게 되자 러시아공사 카롤 베베르는 공사관 보호 명목으로 수병(水兵) 100여 명을 조선에 파병토록 하였다.

러시아 외무성이 2004년 한러 외교관계 수립 120주년을 맞아 공개한 자료에 의하면 한반도에 관심을 보이지 않고 소극적 이었던 러시아 외교가 국제적 각축장이 된 19세기 말의 조선정세에 눈을 돌리기 시작하였음을 알수 있다. 이 자료에 의하면 베베르 공사의 친러세력 구축과 치밀한 계획으로 러시아의 한반도 진출을 추진하였음을 나타내고 있다. 베베르 공사와 친러파 이범진은 대원군과 친일파의 고종 폐위 음모론으로 러시아공사관으로 파천토록하는 고종의 아관파천(俄館播遷)[10] 일명 노관파천(露館播遷)을 성사 시켰다.

1896년(고종 33) 2월 11일부터 이듬해 2월 20일까지 고종과 태자(순종)의 러시아공사관 피난 거처가 성공되자 친일내각은 무너지고

---

10. 아관파천[俄館播遷] 명성황후가 시해된 을미사변(乙未事變) 이후 일본군의 무자비한 공격에 신변에 위협을 느낀 고종과 왕세자가 1896년(건양 1) 2월 11일부터 약 1년간 조선의 왕궁을 떠나 러시아 공관(공사관)에 옮겨 거처한 사건. 1896년 2월 11일에 친러세력과 러시아공사가 공모하여 비밀리에 고종을 러시아공사관으로 옮긴 사건. 일명 노관파천(露館播遷)이라고도 한다. 아관은 러시아공사관을 말하며 정동에 위치 하였다. 이로 인하여 친일정권이 무너지고, 고종이 아관에 머무르는 1년 동안 친러파가 정권을 장악하였다.

김홍집, 어윤중 등의 친일내각 대신들이 살해되고 유길준, 조희연 등은 일본으로 망명하여 이범진을 중심으로 한 친러내각이 들어섰다. 친일파가 단죄되고 일본인 고문관과 교관이 파면 되었으며 그 자리에 러시아 고문과 사관으로 대체되어 러시아의 영향력이 강화되기 시작하였다. 친러 내각이 들어서면서 러시아는 각종 이권을 획득하였다. 2004년에 공개된 러시아 문서보관소 자료에 나타난 함경도 경원 사금 채광권의 러시아 이양이 그 사례를 말해주고 있다. 아관파천으로 일본의 조선 침략은 차질을 빚었지만 아관파천 이후 조선상황은 자주성과 국력이 손상되었고 외세 의존도가 심화 되었으며 열강들의 이해 다툼 현장이 되었다.

▶ 고종이 피신했던 아관파천 장소 당시 정동 러시아공사관

## 제2장

# 러시아의 한반도 통사

1. 한반도의 운명을 바꾸어 놓은 러-일 전쟁과 포츠머스조약
2. 한반도 분단사의 진실과 러시아 : 동북아미소냉전체제분계선
3. 소련군의 한반도 점령군 해방군 논쟁
4. 한국전쟁과 소련

## 1. 한반도의 운명을 바꾸어 놓은 러-일 전쟁과 포츠머스조약

1853~1856년에 걸쳐 러시아는 오스만제국[11]·영국·프랑스·연합군과 흑해지역의 크림반도에서 전쟁을 치렀다. 이 전쟁을 크림전쟁(Crimean War)이라고 한다. 프랑스의 나폴레옹 3세가 1852년 말 오스만제국의 협력으로 성지 예루살렘의 베들레헴교회 관리권을 그리스정교도로부터 빼앗아 가톨릭 사제에게 주게 되자 러시아 황제 니콜라이 1세는 그리스정교도의 권리보장을 오스만제국에 다시 요구하였으나 오스만제국은 내정간섭이라며 거절하였다.

이에 러시아가 1853년 7월초 오스만제국 관할인 몰다비아와 왈라키아에 군인 8만 명을 진주시키자 오스만제국은 철수를 요구하였고, 러시아가 이에 불응하자 동년 10월 영국과 프랑스의 협력을 받아 러시아에 선전포고를 하면서 전쟁은 시작되었다. 1856년 파리 조약으

---

11. 오스만제국 (Osman Empire) 중앙아시아에서 이주한 터키족이 서부 아나톨리아(현재의 터키)에 건국한 이슬람왕조-수니파 (1299~1922). 제1차세계대전 후 멸망할 때까지 600년 이상 서아시아, 발칸, 북아프리카 대부분의 지역을 지배하였다. 15세기 중반 불가리아, 그리스, 알바니아, 세르비아지역을 합병하고 1453년 콘스탄티노플을 공략. 이 도시를 "이스탄불"로 개명, 터키인, 그리스인, 아르메니아인 등을 이주시켜 새로운 수도를 건설하였다. 16세기 중반에는 이스탄불 인구가 50만 명에 이르는 유럽 최대도시가 되고, 계속되는 영토확장으로 15세기 말에는 아나톨리아와 발칸의 대부분을 지배하였다. 16세기에는 이집트를 정복, 헝가리를 굴복시키고 아프리카 튀니지, 알제리 합병하였으며, 중동에서는 바그다드, 바스라에서 지배권을 확립하여 메소포타미아를 수중에 넣고 지중해, 흑해, 홍해, 페르시아만의 해상권과 국제무역로를 장악하였다. 18세기에 들어서 발생한 지주계급의 영향력이 강화되면서 전제지배체제가 위협받기 시작하다가 19세기 후반 제정러시아의 지원으로 발칸국가들이 독립을 쟁취하면서 터키혁명으로 오스만제국이 멸망하고 1923년 터키공화국이 성립되었다.

로 종전이 되었지만 패전으로 끝난 크림전쟁 결과로 러시아 제국은 다뉴브 하구 및 흑해 인근에서의 영향력을 잃게 되었고 지중해, 발칸 반도 진출이 좌절 되었다. 이렇게 되자 러시아는 극동 남하정책으로 방향을 선회, 만주와 조선으로의 진출을 추진 하였다.

▶ 러시아군의 국경배치

1884년 7월 조선과 러시아의 기본조약인 조러수호통상조약 체결되자 1885년 3월 일본의 이토 히로부미와 청의 이홍장 사이에 충돌 관계를 봉합하는 텐진 조약이 체결되었다. 국제법상 청일조약이지만 조선문제를 조선의 의사와 관계없이 두 나라 사이에 일방적으로 결정한 것이었다. 이 조약의 핵심 내용은 두 나라의 군대가 조선에서 동시에 철병하며 조선에 군대를 출동할 필요가 있을 때는 서로 사전에 통보한다는 내용이다. 이 조약으로 일본은 조선에 주둔하고 있는 청의 군대를 철수시키는 효과와 함께 조선에 출병할 수 있는 권리를 확보하게 되고 갑신정변 실패 후의 열세 상황을 만회하여 조선에 대한 영향력을 유지하게 되었다.

▶ 러일전쟁

텐진 조약 이후 청의 조선 내정에 대한 간섭은 더욱 심해졌으며 일본은 조선 침략과 청국 제거 준비를 진행한다. 여기서 필자는 이렇게 조선에 대한 이해의 야심을 포기하지 않고 있던 두 나라가 왜 충돌관계 봉합의 평화관계를 선택하고 합의 했느냐 하는 점을 제기하고자 한다. 당시의 조선반도 국제관계와 러시아관계의 배경을 연구하는데는 필요한 부분이기 때문이다. 이 부분은 그동안 소홀이 다루어 왔고 조명되지 못한 것이 사실이다. 갑신정변 이후 그 수습과정에서 조선은 일본과 청나라 관계에서 회의적이고 불안정 하였다.

이러한 상황에서 지속적인 기득권을 유지하려는 일본과 청은 새로운 국제세력으로 등장한 러시아를 견제할 필요를 공감하였다. 대립관계에 있는 두 나라가 이러한 인식을 공유하게 된 것은 동아시아에서 세력확장을 하고 있는 영국이 러시아의 동진 남하를 막기 위해 거문도를 점령하고 여기에 미국까지 긴장하는 단계로 가자 일본과 청나라도 러시아 견제를 위한 연대가 필요하였던 것이다. 텐진조약[12]은 조선에 대한 야욕을 가진 일본과 청이 러시아를 견제할 목적으로 한반도 무대에서 행한 전리적 합작품이었던 것이다.

---

12. 1884년 갑신정변 후 일본과 청이 맺은 조약. 갑신정변으로 청은 조선의 정치적 주도권을 장악하고, 일본은 경제적 영향력을 행사하였다. 텐진 조약의 내용은 조선에서 "청·일 양국 군대는 동시 철수하고, 동시에 파병한다."이다. 이 조약은 1894년 청·일 전쟁의 구실이 되었다. 1894년 동학 농민 운동이 발생하자 조선 정부는 청에게 원군을 요청하고 이에 일본 군대는 텐진 조약에 의거해 군대를 조선에 파병할 명분을 얻었다. 일본은 갑신정변 후 청에게 빼앗긴 조선에 대한 정치적 주도권을 되찾기 위해 청과의 전쟁을 목적으로 군대를 파병하였다.

앞에서 살펴본 것처럼 극동지역에 진출한 러시아는 국제적 격전장이 되어있는 19세기 말의 동북아 정세에서 중대한 두 가지의 사변을 성공적으로 해내었다. 하나는 1895년 일본이 청일전쟁에서 얻은 요동반도를 3국간섭을 주도 청에게 반환하는 국제정치를 성사시켰고 다른 하나는 1896년 조선에서 고종의 아관파천을 성공시키어 친일 내각을 몰아내고 친러내각을 세운 것이었다. 3국간섭 치욕을 벼르고 있던 일본은 조선에서 러시아의 위치가 강화되고 압록강 산림권 획득, 용암포 점령 등 그 세력이 확대되어 가자 러시아를 치기 위한 치밀한 계획을 수립하게 된다. 일본은 러시아에게 만주에 대한 러시아의 지배와 조선에 대한 일본의 지배를 서로 인정하자는 '만한교환론[13]'(滿韓交換論)을 제시하였는데 러시아가 이를 거절하자 1904년 2월 8일 일본은 여순항에 정박 중인 러시아 함대 선제공격을 시작으로 1905년 9월 5일까지 1년 7개월에 걸친 러일전쟁을 일으켰다.

만주와 조선의 지배권을 놓고 충돌한 러일전쟁은 미국대통령 루스벨트가 중재한 포츠머스강화조약에 의해 러시아의 패전으로 종결이 되었다. 이 결과로 러시아는 남사할린과 쿠릴열도를 일본에게 내주었다. 그러나 러일이 합의한 포츠머스조약의 핵심은 조선을 일본

---

13. 만한교환론(滿韓交換論). 만주를 러시아에 주고 일본이 한반도를 차지한다는 구상으로 러일간의 협상으로 일본이 우월한 입장에서 동만주지역은 러시아, 남만주와 한반도는 일본 영향으로 하는 일본의 한반도 독점 야욕 전략이다.

에 넘긴다는 것이었다.

제2조에 "일본은 조선에 지배적인 권리가 있음을 인정한다"고 규정하였다. 국제조약으로 사상 최초 한반도가 일본에 종속되는 비운의 역사를 맞게 되는 것이었다. 1910년의 한일합방은 포츠머스 조약에 비극적 뿌리가 되었다고 볼수 있다. 여기서 필자는 역사적 책임규정을 논하지 않을 수 없다. 국제사회가 대한제국을 전리품 취급하듯 일본에 넘기는데 가담을 하였다는 사실이다. 러일전쟁중인 1905년 7월 미국과 일본은 가쓰라-태프트 비밀협약[14]을 통해 일본이 조선을 지배하는 것을 승인하였다.

그리고 8월 뉴햄프셔주 해군기지 포츠머스 회담을 중재하여 러시아의 동아시아 영향력을 차단하고 일본의 조선지배를 국제적으로 인정하는 역할을 하였다. 미국의 루스벨트 대통령은 대한제국 조선반도가 일제의 무자비한 침탈과 식민지국가로 가는 원인을 제공한 포츠머스 회담을 통해 전쟁을 종결시키고 평화에 기여한 공로로 1906년 노벨평화상을 받았다. 한민족 한반도가 외세에 의해 유일한 세계의 분단국가로 남아 아직도 통일을 실현하지 못하고 국제세력들의 평화논쟁 무대가 되고 있는 현실의 역사적 배경 뿌리를 여기서 찾아

---

14. 가쓰라-태프트 밀약 : 러·일전쟁이 진행중인 1905년 7월 미국 루스벨트 대통령은 특사 태프트 육군장관을 일본에 보내 당시 일본 수상 가쓰라 다로(桂太郞)와 1905년 7월 29일 미·일 도쿄비밀협약을 맺는다. 일본은 미국이 필리핀을 점령하는 것을 인정하고 미국은 일본이 조선의 지배를 인정한다. 이 협약에 따라 일본은 을사보호조약을 강요하고 미국은 이를 지지하였다. 이 비밀협약은 일본에 의해 1925년 공개 되였는데 일본의 요청이 아닌 미국의 요구에서 이루어진 것으로 밝혀졌다. 조선과 미국은 1882년에 맺은 국교수립 및 통상조약인 조미수호통상조약의 관계를 유지하고 있었다.

야 한다고 본다. 한반도를 일제에 넘기어 식민지 시대를 경험하게 하고 2차대전 후 한반도가 분단의 시대를 이어가게 하는데 미국과 러시아가 중심적으로 관여하고 행동 하였음을 역사적 사실이 증명해 주고 있다는 것을 본 고를 통해 필자는 밝히는 바이다.

## 2. 한반도 분단사의 진실과 러시아 :
   동북아 미-소냉전체제 분계선

러일전쟁에서 패한 러시아는 한반도 무대에서 퇴장한다. 그리고 한-러 관계는 소련이 세계2차대전 전승국의 점령군으로 다시 한반도에 진주할 때까지 단절의 시대였다. 사회주의 종주국 소련으로서의 재등장은 한반도의 분단으로 이어지는 제2의 운명적 국제관계로 다시 시작되었다. 일세기 전 한반도를 둘러싸고 일어난 전쟁은 일본 중국 러시아가, 반세기 전의 한국전쟁에서는 미국 중국 러시아가 싸웠다. 그리고 이들의 거래에 의해서 한반도의 역사는 한민족의 의사와 무관하게 잘못되고 왜곡되어 왔다. 한세기가 지난 지금 미국, 일본, 중국, 러시아가 한반도 미래를 논하고 있다. 외세와 함께 한, 그래서 식민지가 되었고 갈라져 있는 불운의 한반도 현대사 연구는 그동안 국내외에서 활발하게 진행되어 온 결과 상당부분 가려진 진실이 밝혀지고 원인과 책임을 찾아내는 노력이 이루어졌다. 그러나 아직도 미완으로 남아 있는 부분 또한 적지 않다. 필자는 본고에서 분단한반도와 러시아 관계 재조명을 통하여 한반도 분단의 기원 성격 주체를 고찰, 그 오류와 역 사적 진실을 밝혀 보고자 하는 것이다.

한반도 분단의 원인을 규명하는 주장들은 상이한 여러 갈래가 있다. 일반적으로 2차 세계대전의 전후 처리 과정에서 미국과 소련이 북위 38 도선을 경계로 남북한을 분할 점령함으로써 이루어 진 것이 정설로 되어 있고 이것이 틀린 것은 아니지만 누구의 주도로 어떤 요인에 의해서 진행되었느냐 하는 문제가 남아있다. 해방에서 분단으로 이르는 한반도 현대사의 전환국면에서 미소 양 지대로 분할하는 과정을 규명하는 것은 국제적 책임론을 정의하는데 중요한 요인이 된다. 그동안의 연구들을 종합해 보면 38선의 성립은 미국이 주도하고 소련이 동의하여 만든 동북아 미소냉전 체제의 분계선이었다. 38선 분할 채택은 1945년 8월 미 합동참모부 전략정책실에서 급하게 확정 되었다.

1945년 10월 27일자 서울신문에 의하면 맥아더 연합군 사령관은 38도 이북의 일본군은 소련군에게, 이남의 일본군은 미국군에게 각각 항복하도록 작전지역을 분리하여 명령하였다(맥아더 연합군 사령관 일반명령 1호). 점령사령관 하지장군은 일본군 항복작전의 분

▶ 소련군의 한반도 원산항 진주

리가 38선의 배경이 되었다고 설명하였으며 미 정부도 같은 태도를 취하였는데 이는 미국이 한반도 분단책임을 벗어나려는 의도였다고 볼 수 있다. 그러나 일본이 한반도 분단의 배후 개입근거는 분단 고착화 과정에서 나타났다. 이렇게 보는 근거는 소련을 의식한 미국과 일본의 협력관계 전환에서 찾을 수 있다. 한반도 분단 현대사를 이해하는데 필자는 이 부분을 주목하게 된다. 역사를 규명 하는데는 거대 담론 못지 않게 미시적 시각을 필요로 한다.

▶ 미군의 한반도 서울 진주

급하게 미 24군단이 남한에 진주하였지만 미국은 점령정책이 수립되어 있지 않았다. 미국의 남한 점령과정은 한국인들에게는 강압적이었지만 일본에게는 온건적이었다. 일본 조선주둔사령관과 미 24군단장(John R. Hodge) 사에에 은밀한 교신이 있었고 이러한 관계는 초기 미 군정의 대한정책에 영향을 주었다. 이때의 상황을 1945년 9월 10일자 경성일보는 "일장기는 내렸지만 일본정권은 보존되었다"고 표현하였다. 일본은 패전과정에서도 대 한반도 정책을 포기하지 않았다. 항복조건으로 한반도 지배권 유지를 요구하였고 이것이 실패하자 연합국의 한반도 점령방식에 영향력을 발휘하여 일본에 유리하게 하고자 소련과 거래를 시도하였고 이것이 거절되자 미군의 점령정책에 협력하여 소련 공산화 논리로 미소의 점령지역 분할을 유혹하였다.

조선총독부와 조선주둔군은 소련군의 경성점령을 두려워하였다. 일본 대본영과 조선주둔군의 전문에는 포츠담선언[15] 수락으로 조선 포기가 결정되었기 때문에 미군에 항복하고 소련군의 남한 점령을 막아야 한다는 교신이 있었고 종전 직후 일본정부, 대본영, 조선총독부, 조선주둔군은 입체적으로 유리한 상황을 만들어가기 위해 미군과 접촉을 하였다. 38선 분단의 기원을 연구하다 보면 그 역사적 배경이 되는 사례가 하나 발견된다. 제정러시아 대외정책문서보관소에 보관되어 있는 기록에 따르면, 1896년 일본의 야마가다 원수는 러시아 니콜라이2세 대관식에 사절로 참석해 러시아 외상 로바노프-로스토프스키에게 "조선반도를 38선으로 분할해 러일 영향권으로 설

---

15. 포츠담선언 (Potsdam Declaration) : 1945년 7월 26일 독일 베를린 근교 포츠담에서 미국 대통령 루스벨트, 영국 총리 처칠, 중화민국 총통 장제스(蔣介石) 3국 대표가 일본의 무조건 항복을 최종적으로 통첩한 선언. 포츠담 선언 후 1945년 8월 15일 일본은 무조건 항복하고 연합국은 승리를 거두었다. 포츠담선언에 한국의 독립 약속이 포함되어 있다.

정하자"고 제안한 것이 그 최초의 기원이다. 러시아는 이러한 일본의 제안을 거부하였다(2004년 02월 01일자 발행 신동아 통권 533호). 이 부분은 더욱 검토해야 할 과제가 남아 있지만 미국이 긴급하게 38도선 분할을 하게 된 토대가 되었을 것이라는 근거이다.

8월 10일 이후 미군의 한반도 공습이 거의 중지되었고 남측 일본 군들은 미국에 저항하지 않았지만 북측에서는 소련과 일본군의 전투가 치열하였다. 8.15이후에도 일본은 북한지역에서 소련에 저항하며 전투를 계속하였다. 1945년 8월 9일 참전을 개시한 소련군은 11일 웅기, 12일 나진 탈환, 16일 청진 원산 점령을 하면서 남진을 계속하자 미국은 한반도 전체가 소련의 수중에 들어 갈 수 있다는 우려를 하였다. 소련군은 남진을 하고 있었지만 미군은 오키나와에 주둔하고 있었다.

다급해진 미국은 북한지역을 포기하고 일본의 38선 구상을 선택, 남한을 점령하려 했던 것이다. 밝혀진 기록에 의하면 미국은 소련이 참전을 개시한 8월 9일 하루 후인 10일 한반도의 38도 분할선을 긋는다. 1947년 소련은 미소 양군의 철수를 주장하였지만 미국은 응하지 않았다. 미국의 목표는 한반도의 해방과 통일정부 수립이 아니라 소련 세력과 공산주의를 막는 것이었다. 이 목표를 실현하기 위하여 미국은 독립 좌익 세력을 탄압하고 우익, 친일 식민세력과 결탁하여 한반도를 분단국가로 만들었다. 38도선은 이렇게 미국의 점령정책에 의해서 생겨났고 이 점령정책의 배후에는 일본과의 연계가 있었던 것이었다.

## 3. 소련군의 한반도 점령군 해방군 논쟁

전황이 불리해진 일제가 패전으로 기울기 시작하던 1943년부터 일본은 화평공작[16]으로 종전 대책을 모색하여 왔다. 1945년 일본은 소련의 대일전 참가를 막기 위해 고노에(추밀원 의장)를 러시아에 특사로 파견, 소련 외상 모로토프와 부상 로조프스키를 상대로 러일전쟁으로 점령했던 남 사할린과 쿠릴열도 반환, 만주 주둔 일본군 철수를 하는 대신 한반도는 일본이 지배하는 것에 동의 해 줄 것을 요청하였으나 거절당하였다. 소련에게는 아주 유리한 거래조건이었다. 이 대목에서 우리는 중요한 사실을 하나 발견하게 된다. 스탈린이 대일참전을 선언하고 선전포고를 한 것은 한반도 점령이나 사회주의 정권 창출을 염두에 둔 것이 아니라 러일전쟁의 치욕을 씻고자 하는데 목적이 있었다는 것이다.

소련의 북한점령 한달 뒤인 1945년 9월 20일 하달한 이른바 "스탈린 훈령에서 조선에서의 소비에트 체제를 지원하거나 건설하지 말고 부르주아 민주주의 권력 수립을 지원하라"고 하였다.[17] 이시기에 소련은 한반도의 공산화나 위성국가 건설계획을 갖고 있지 않았음을 증명 해주고 있다. 이 부분에 대한 해석과 논쟁은 현재까지도 정

---

16. '화평공작'(和平工作) : 일본이 2차 세계대전에서 패망하더라도 천황체제 보존과 조선 대만 영유권을 지키겠다는 목표로 소련과 미국을 상대로 거래를 시도한 것을 말한다.
17. 이창주 「북한정권 창출 전후 비사(밝혀지지 않은 역사 한러관계 260년)」북방연구소 1993. 3. 15.

리되지 못한 채 뜨겁다. 한국의 분단사 연구에는 반공 친미 독정권 하에서 반공 우익학자들에 의해 범해진 오류와 편린들이 중심을 이루어 왔다. 우익학자들은 스탈린 훈령(이들은 지령이라고 표기한다)의 "민주주의 권력 수립 지원" 부분을 자의적으로 해석, 소련이 북한정권 수립을 지시하여 한반도 분단의 결정적인 요인이 된 것 처럼 주장하고 있다.

1947년 소련이 미소 양군의 한반도 철수를 주장한 것을 근거로 본다면 스탈린 훈령의 핵심은 공산주의 종주국 소련이 당시에는 한반도의 공산화를 기획하거나 점령유지를 목표로 하지 않았다는 것이다. 따라서 민주주의 권력 수립 지원 부분은 한반도에서 자주적인 민주주의 국가 수립을 지원하라는 해석으로 보는 것이 객관적이다. 한반도 분단의 시작은 1948년 5월 10일 미국의 주도와 지원으로 치루어진 남한만의 총선거로 부터 출발되었다는 것은 엄연하게 역사적으로 증명된 사실이다. 이러한 사실을 외면한 채 그 이후에 발생한 소련 지원의 북한정권 탄생을 분단의 시작으로 몰고가는 것은 역사와 학문 연구를 훼손하는 불행한 일이고 시정되어야 할 일이다.

펜실바니아대학의 이정식 명예교수가 "남한에서의 단독정권 수립은 분단의 원인이 아니라 미소관계 악화, 철의 장막 등 국제적 흐름의 결과이며 분단 원인은 그 이후에 태생한 북한 친소 정권에서 비롯되었다"(2006년 4월 20일 한국정치학회 춘계학술회의 발표)라고 주장하는 것은 필자의 견해로는 접근논리에 문제가 있다고 보지 않을 수 없다. 미국의 남한 단독정부 수립계획과 실행 계획은 소련의 북한 정권 창출 시점에서가 아니라 1947년 소련이 미소 양군 철수주장을 요구 한 시점에서 행하여 졌다는 것을 이해해야 할 것이다.

해방과정에서 소련군이 점령군이었느냐 해방군이었느냐 하는 것 역시 아직 논쟁이 치열하다. 그동안 소련의 참전자들은 소련군은 조선해방을 위해 싸운 우방군임을 증언하여 왔다. 적어도 이 시기에 소련은 미국과 마찬가지로 이렇다 할 대 한반도 정책을 갖고 있지 않았던 것이 분명하였으며 동북아 전략과 연결하려는 미국과는 확실한 차이가 있었다. 앞서 언급한 것처럼 러일전쟁의 치욕을 원상회복 하는 것이 기본적인 목표 였었다.

이 원상회복에는 러시아가 러일전쟁으로 일본에게 조선을 내어준 것을 다시 되돌려 주는 것도 포함 되었다. 외세에 의해 이루어진 해방공간에서 점령군과 해방군 문제를 다루는데 있어 당시의 역사적 사실들을 살펴보는 것이 그 객관성과 진실 접근에 중요한 근거가 된다. 미군이 한반도로 진주하는 과정에서 일제로부터 조선을 해방시킨다는 의식은 단 한군데에서도 찾아볼수 없었으며 승전국이 적군에게 하는 점령군의 형태를 보였다.

오히려 적지였던 일본상륙에서 맥아더 장군이 행한 첫 연설은 일본의 협력과 성의를 평가하는 우호적인 발언을 한 반면, 1945년 9월 7일자 조선인민에게 보낸 미 태평양 지역 총사령관 육군대장 더글러스 맥아더 포고[18] 제1호 제2호는 억압적이었다. 미군의 남한 진주 하루 전인 1950년 9월 7일에 미 태평양지역 총사령관 더글러스 맥아더 이름으로 발표한 포고문에서 미군은 북위 38도선 이남의 조선영토를 점령했으며 조선 주민이 미국의 점령정책에 복종하지 않을 경우 군사법정에서 엄벌하겠다는 내용을 담고 있다. 이 포고문에서 미국은 조선을 패전국 일본과 동일시 했고 점령군임을 분명히 하였다. 미국은 일본 중국 러시아 3국 관계만을 중시하였고 한국은 소련세력 확장 저지를 위한 전진기지 이상으로 생각하지 않았다. 그래서 필자는 한반도 분단이 미국이 설정한 "동북아미소냉전체제분계선"의 의미를 갖고 있다는 주장을 제기 하는 것이다.

---

18. 미태평양사령부 포고 제1호 : 제 1조 조선 북위38도 이남의 지역과 동 주민에 대한 모든 행정권은 당분간 본관의 권한 하에서 시행함. 제 2조 정부, 공공단체 또는 기타의 명예 직원과 고용인 또는 공익사업 공중 위생을 포함한 공공 사업에 종사는 직원과 고용인은 유급 무급을 불문하고 또 기타 제반 중요한 직업에 종사하는 자는 별명있을 때까지 종래의 직무에 종사하고 또한 모든 기록과 재산의 보관에 임함. 제 3조 주민은 본관 및 본관의 권한하에서 발포한 명령에 즉속히 복종할 점령군에 대하여 반항 행동을 하거나 또는 질서 보안을 교란하는 행동을 하는 자는 용서 없이 엄벌에 처함. 제 4조 주민의 소유권은 이를 존중함. 주민은 본관의 별명이 있을 때까지 일상의 업무에 종사할 일. 제 5조 군정 기간 중 영어를 가지고 모든 목적에 사용하는 공용어로 함. 영어와 조선어 또는 일본어간에 해석 또는 정의가 불명 또는 부동이 발생한 때는 영어를 기본으로 함. 제 6조 이후 공포 하게 되는 포고, 법령, 규약, 고시, 지시 및 조례는 본관 또는 본관의 권한하에서 발포하여 주민이 이행하여야 될 사항을 명기함. 1945년 9월 7일 요코하마에서 미국 태평양지역 총사령관 더글러스 맥아더

미태평양사령부 포고 제2호 : 본인이 지휘하고 있는 군대의 안전과 점령지역에서 공공의 치안을 위해 미 태평양지역 총사령관으로서 본인은 다음과 같이 선언한다. 어떤 사람도 항복문서의 조항과 또는 미 태평양지역 총사령관의 권한 아래 내려진 포고, 명령, 지시에 위반하거나, 미국과 그 연합국의 국민 또는 재산의 질서, 생명, 안전, 치안을 해치는 행위, 공공의 안녕 질서를 어지럽히는 행위, 정의로운 행동을 수행하지 못하게 하는 행위, 또는 연합국에 대하여 고의적 적대행위를 하는 자는 점령군의 군사법정에서 사형을 포함한 기타의 판결에 처해질 것이다. 1945년 9월 7일 요코하마에서 미 태평양지역 총사령관 더글러스 맥아더

이에 비해 북한 진주 후 소련의 치스차코프 사령관이 발표한 포고문[19]은 아주 대조적이다. 조선 독립을 강조했고 반억압적이었고 조선인민 스스로의 나라를 만들고 지키라는 것이었다. 포고문 하단에는 "해방된 조선인민 만세", "조선의 발흥을 담보하는 조선과 소련 친선 만세"가 있다. 소련은 북한에서 군정을 실시하지 않았으며 우호적이었다. 그러나 남한주민들은 하지 미군정의 강압적인 태도와 일본지배를 받은 민족으로 무시를 당하였다. 소련이 조선해방전쟁이었다고 강조 하였던 이유가 여기에 있는 것이다.

이런 의미에서 소련이 주장하였던 점령군이 아닌 해방군 이었다는 사실은 설득력이 있으며 그 추론에서 필자는 19세기 말 러시아가 한반도에 행한 과오를 책임자적 위치에서 보상하였다는 성격이 있다고 본다. 국제정세의 변화에 따른 스탈린의 한반도 정책이 개입으로 수정되기 전까지 조선민족한테 행한 미소 양진영의 평가는 점령군 해방군 논쟁을 떠나 소련이 미국보다 유화적이고 온건적이었다는 것은 틀림이 없다. 한국의 보수 학자와 우익언론들은 치스차코프의 포고문을 점령군을 위장하기 위한 간교한 수사이지 실제로는 해

---

19. 소련군 사령관 치스치코프 포고문 : 소련과 연합국 군대는 조선에서 일본 야탈자들을 몰아냈노라. 소선은 사유의 나라가 되었다. 조신 인민들이여! 기억하라! 행복은 여러분 손안에 있다. 여러분들은 자유와 독립을 찾았다. 이제 모든 것이 여러분에게 달렸다. 붉은 군대는 조선 인민이 자유롭게 창조적 노력에 착수할수 있도록 모든 조건을 만들어 놓았다. 조선 인민은 반드시 스스로 자기 행복을 창조해야 할 것이다. 공장, 제조소 및 공작소 소유자들과 상업가 또는 기업가들이여! 일본인들이 파괴한 공장과 제조소를 원상회복시켜라! 새로운 생산활동을 시작하라! 우리 붉은 군대 사령부는 모든 조선 기업소들의 재산을 보호하며 그 기업소들의 정상적 작업을 보장하기 위하여 모든 방법을 동원하여 도울 것이다. 해방된 조선인민 만세, 조선의 발흥을 담보하는 조선과 소련 친선 만세.

방군이 아닌 점령군이었다고 주장하고 있다. 이런 주장의 배경에는 소련이 한반도 정책을 변경하여 1948년 북한정권 수립에 적극적으로 개입, 공산화를 만들고 분단 고착화의 배후세력이 된 것과 연결하여 보기 때문이다.

## 4. 한국전쟁과 소련

국제법상 아직까지 끝나지 않은 상태로 남아 있는 한국전쟁의 원인을 찾는 연구는 국내외에서 다양하게 진행되어 여러가지 가설이 제기 되었지만 논쟁은 종식되지 않고 있다. 그중에서 대표적인 것이 김일성 주도설, 스탈린 주도설, 한미 유도설이다. 학계에서는 이 설들을 해석하는데 있어 전통주의 주장과 수정주의 주장으로 구분한다. 전통주의 해석은 스탈린 주도설과 스탈린, 마우쩌둥(毛澤東) 공모설 이다. 그러나 이 주장은 1970년 소련공산당 총서기 후루시초프의 회고록에서 남침은 김일성의 구상이었고 전쟁 계획을 준비한 것도 북한이었으며 소련은 중국과의 협력을 전제로 승인한 것이라고 밝힘에 따라 흔들렸다.

그간의 정설처럼 소련이 한국전쟁을 지시하거나 주도하지 않았지만 북한의 남침을 지지, 후원한 것은 인정하고 있다. 그러나 보수주의 학자들은 여전히 김일성 주도의 내전이었다는 소련 주장보다는 스탈린 주도설에 비중을 두는 경향을 보이고 있다. 그래서 한국전쟁을 내전이 아닌 국제전쟁이었다고 비약하고 있다. 이들이 여기에 집착하는 이유는 전쟁 최종 결정과정에서 1950년 4월 모스크바를 방문한 김일성과 스탈린의 회담, 이어지는 5월의 김일성 마우쩌둥 북경회담 등의 전쟁 준비가 협의 진행되었고 이를 통해 마우쩌둥을 끌어 들이는 스탈린의 역할 없이는 가능하지 않았다고 보기 때문이라고 사료된다.

그런데 이러한 견해에 수긍할 수 없는 부분들이 있다. 소련은 미국과 합의한 38도선 분할의 국제적 합의 때문에 직접적인 전쟁 참여에 회의적이었고 중공군의 개입을 끌어들이는 과정도 직접적인 요청 방식을 택하지 않고 김일성이 마우쩌둥과 협의하도록 하여, 이 회담 결과에 따라 소련이 전쟁 승인을 하였다.[20] 우익학자들은 한국전쟁을 스탈린과 마우쩌둥이 공모하여 주도한 국제전쟁으로 규정하기 위하여 다음과 같은 해석을 제시하고 있다. 무력통일을 원하는 김일성과 남북한 간의 국경분쟁이 계속되는 한반도 분단 상황을 이용해 스탈린이 세계 전략적 목적에서 북한을 선동하여 일으킨 냉전확대 전쟁이며, 그렇기 때문에 한국전쟁은 시작부터 국제전쟁의 성격을 갖고 있었다는 것이다. 이 이론에도 당시 상황을 올바르게 판단하지 못하고 왜곡되었음을 발견하게 된다.

한국전쟁 직전의 1950년 소련은 국내외 상황이 정치적 안정기였고 스탈린은 3차 세계대전 같은 전쟁을 원하지 않았으며 비호전적이었다. 한반도 상황은 남북간의 북진통일 무력통일의 대결구도가 심화되고 국경분쟁과 충돌이 격화되어 전쟁비화 가능성이 상존하였다. 이러한 내부 요인을 간과하고 소련 대리전쟁 성격으로 묘사한 것은 잘못이다. 한국전쟁의 기원을 포착하기 위해서는 그 이론과 가설들이 경험적으로 검증되지 않으면 안된다. 지금까지 밝혀지고 검증된 내용을 근거로 할 때, 한국전쟁은 북한이 주도하고 소련이 지

---

20. 한국전쟁 러시아외교문서 1950년 5월 15일

지 협력한 전쟁이었다. 한국전쟁을 국제전쟁 성격으로 보는 것은 전쟁중에 발생한 것으로 보는 것이 타당하다. 내전으로 시작되었지만 미국과 중국의 개입으로 국제전쟁화 된 것이며 한국전쟁이 많은 사상자를 내고 격렬하였던 것은 국제 전쟁화되면서 냉전 대결장이 되었기 때문이다.

주로 외국학자들에게 제기된 수정주의 해석은 한국전쟁의 원인을 한미관계에서 찾는다. 미국이 동아시아의 공산화와 소련세력을 차단하고 자본주의체제의 미국 중심 국제질서를 확산시키기 위하여 소련을 압박해서 전쟁 대응을 선택 하도록 하였고, 남한의 북진통일론을 묵시적으로 지지하여 북한으로 하여금 전쟁도발의 가능성을 열어놓았다는 남침유도설 이다. 이 설의 시작은 1988년 출간된 이삭 스톤(Issac F. Stone)[21]의 한국전쟁 비사였다.

이 책의 내용은 남한정권이 북한의 도발 가능성을 의도적으로 묵살 했고 이를 미국이 침묵하고 방관함으로써 북한이 침략 하도록 만들었다는 것이다. 또다른 해석은 남한이 38도선 상에서 분쟁을 일으켜 북한의 전면적 반격을 유인하였다는 주장이다. 이들의 주장과는 차이가 있지만 수정주의의 대표적 학자와 이론은 브루스 커밍스(Bruce Cumings)의 한국전쟁 기원[22]이다. 커밍스는 한국전쟁의 근

---

21. Issac F. Stone, The Hidden History of Korean War 1950-1951, Boston Little Brown 1988
22. Bruce Cumings, The Origin of the Korean War, Prinston University 1981

본 원인을 남침설에서 찾지않고 미국의 팽창주의적 대외정책과 남한 내부의 구조적 요인에서 파악하고 있다.

   이를 뒷받침하기 위하여 커밍스는 다음과 같은 근거를 제시하였다. ①미국의 필요에 의해 남한만의 단독정부를 수립하였고 ②미 군정이 친일 식민지 세력들을 등용 남한의 독립 민족세력들을 탄압하였고 ③주민 들의 사회적 개혁(토지개혁) 요구를 묵살하였고 ④ 신탁통치 구상은 소련의 아니라 미국의 일관된 주장 이었던 점 등 구체적인 자료와 논증을 들어 불완전한 광복이 국경 도발과 반격으로 이어지면서 6.25 전쟁의 요인이 되었다고 주장한다. 커밍스의 견해는 북한이 주장하는 해방전쟁과 상통하는 점을 보여주고 있다. 커밍스의 이론은 상당수의 학자들에 의해서 수용 되어져 왔다. 수정주의 학자들의 한국전쟁 연구는 내전론(Civil war Theory)에 바탕을 두고 있는 공통성을 갖고 있지만 실제 상황과 합치되지 못하고 있으며 타당성이 결여 되고 있어 설득력을 갖추지 못하고 있다.

제3장

# 조선민족 디아스포라
# 고려인 대륙역사 빛과 그림자

1. 대한독립운동의 발원지
2. 러시아에서 전개된 민족운동과 사회주의 영향
3. 러시아 한인 민족 독립운동이 양대 참변사와 조선공산당
4. 애국계몽운동 독립운동성지 신한촌
5. 고려인 독립운동과 사회주의 민족운동
6. 극동 시베리아 3대 거목
7. 조선의 지식인 혁명과 사회주의를 만나다

▶ 극동 조선인들의 해방감격

## 1. 대한독립운동의 발원지

한민족 독립운동사 논의와 연구에서 상해, 하와이, 북미주가 중심 무대로 정설화 되어 있지만 사실은 그 발원지와 활동 핵심 지역은 러시아 연해주였다. 이 지역이 20만 명 이상의 재외 한민족 최대 거주지역이자 민족사회가 성립된 곳으로 만주 군벌들이 한국 독립운동을 금지하고 있었지만 러시아 당국이 한국 독립운동을 묵인하고 있었기 때문에 국내외 독립운동세력들이 모여 들고 있었다. 일제 유린에서 식민지 치하로 들어서는 한일합방 시점인 1910년을 전후해 독립운동 기지가 된 곳이다. 1919년 국내에서 3.1운동이 일어나자 블라디보스톡에서 3월 17일 항일 독립운동 대회를 갖고, 이어서 3월 21일

최초로 임시정부를 수립하였다.

블라디보스톡, 니콜스크, 우수리스크 중심 연해주 일대의 한민족 독립운동은 한반도 독립운동사에서 아주 중요한 요충지였다. 연해주에 근거를 둔 독립군단들은 1920년 10월 만주 봉오동과 청산리 지역에서 독립운동사상 전무후무한 대첩을 거두었다. 1910년 전후 민족운동가들이 결집되고 독립군단을 조직, 만주까지 침입한 일본군을 맞아 대규모의 전투를 전개하였지만 경신참변(1920, 庚申慘變)과 자유시참변(1921, 自由市慘變)으로 수많은 한인과 독립군이 목숨을 잃는 수난사를 겪었다. 1931년에는 일제가 만주를 침략하고 괴뢰정부를 세우게 되자 독립군은 큰 제약을 받게 되었다. 조선혁명군(朝鮮革命軍)과 한국독립군(韓國獨立軍)은 1937년 중일 전쟁을 전후한 시기까지 계속 항전을 이어가다가 일부는 중국 본토로 이동하여 그곳의 민족운동 세력과 연대하여 1940년 9월 중경(重慶)에서 대한민국 임시정부 산하의 한국광복군을 조직, 대일항전을 전개하여 나갔다.

20세기 초 연해주는 항일독립운동의 중심지나 다름 없었고, 이곳에서 발간된 조선신문들은 독립운동의 주도적 역할을 했다. 구한말의 '해조신문'과 '대동공보'로 시작된 러시아 한인언론은 1910년대 '권업신문(勸業新聞)'과 '대한인정교보'로 계승하면서 민족의식을 고취하고 일본의 만행을 규탄했다. 신채호, 이상설, 장도빈 등이 민족정론으로 의병운동과 항일운동을 고취시켰고, 혁명기 이후 1930년대까지 발행된 '선봉' '연해주어부' '광부' 등 사회주의 선전지들은 민족주의와 항일의식을 높이고 안중근 의거를 주도하는 핵심 역할을 하였다. 이토 히로부미(伊藤博文) 저격모의가 이뤄진 곳이 바로 대동공보사의 사무실이었고, 안중근 의사는 이 신문의 통신원이었다. 연해주는 한민족의 고난의 역사를 담은 현장이며 실체이고 임시정부의 근거가 된 국민회의, 연해주의 망명정부가 세워졌던 곳이다. 그러나 연해주 독립운동은 사회주의 운동이었다는 극우세력들의 그릇된 역사관으로 한민족 현대사에서 제대로 인식되지 못하였다.

▶ 안중근, 홍범도, 최재형 등 연해주 독립투사 영웅들

1920년 4월 일본군 대 공세와 그로 인한 참변 때문에 조선족 사회는 중대한 정세변화를 맞게 되었다. 러시아의 적군은 1919년 말부터는 공세로 전환하여 시베리아에서 상당한 성과를 거두게 되고, 그 결과로 1920년 초에 접어들면서부터는 연해주를 비롯한 극동지방에서 친 볼셰비키정부가 성립되었다. 그러나 시베리아에 주둔해있던 일본군은 1920년 4월에 접어들어서 연해주 전역에서 일종의 군사쿠데타를 감행하여 볼셰비키 정부를 전복시키고 백색정부를 세웠다. 이로 인해 볼셰비키와 연대하였던 한인 독립운동세력들은 큰 타격을 입게 되고 연해주 전역에 걸쳐서 수백명이 희생되는 상황에 처하게 되었다. 신한촌을 비롯한 한인들 밀집 지역에서는 일본군과 경찰의 탄압으로 학교가 소각되고 한인지도자들이 처형되는 등 독립운동이 큰 타격을 받게 되었지만 이러한 위기가 오히려 한인들의 항일 저항의지를 강화시키는 작용을 하여 1919년 한인 무장부대가 17개 활동하였지만 1920년 31개의 부대, 1921년 34개의 부대로 증가되었다.

이러한 결과는 한인들이 볼셰비키와 연대하여 백군 및 일본군에 공동 항전하는 계기를 만들었다. 4월 참변이후의 한인들의 무장투쟁은 간도와 연해주를 무대로 이전보다 훨씬 더 활발하게 전개되었다. 일제는 1920년 10월에는 이른바 간도대토벌작전을 전개하여 독립군을 소탕하려는 계획을 시도 하였으나 봉오동과 청산리에서 대패를 당하였다. 이 당시 연해주를 중심으로 한인 파르티잔 부대들이 활발하게 조직되었는데 아누치노, 셰브첸코, 쑤푸트니카, 연해주 네지노, 수찬, 아디미 등에서 활약이 대단하였다. 이들은 러시아 파르

티잔부대, 연해주 특립 2대대, 인민혁명군과 연대하여 연해주 백색 정부와 투쟁하였다. 러시아 프롤레타리아트의 강력한 지원을 받았던 수찬의 고려노농군회, 고려의병대, 흑룡주의 한인자유대대, 하바로프스크 다반부대 활동이 두드러 졌으며, 후에「고려혁명군」으로 발전하였다. 연해주는 이렇게 한민족 독립운동과 밀접한 관계를 가지고 있었다.

1917년 10월 혁명으로 러시아 지배세력으로 등장한 볼셰비키는 1920년대 중반에 들어서면서 혁명적 성격을 상실하고 러시아제국을 계승한 소비에트연방을 제국화 하는 정책을 펴나갔다. 1925년에 새롭게 형성된 국제관계와 소비에트 정책으로 극동지방에서 소수민족 특히 한인에 대한 정책적인 변화가 일어났다. 그것은 일본과의 관계를 고려해 한인들의 독립운동이 연해주를 무대로 전개되는 것에 부정적인 태도로 나타났다. 러시아가 한인들의 부르주아적인 민족운동을 지원해야 할 이유가 없고 소비에트 체제에 편입되어 있는 한인들의 독립운동으로 일본과의 외교적 마찰이 일어나는 것을 피하고자 함이었다.

이에 따라 1925년부터 한인들의 무장조직이 전면 금지되고 민족운동과 관련된 모든 활동들이 통제와 제약을 받게 되어 연해주에서의 독립 민족운동이 사실상 불가능한 상황이 되었다. 러시아 당국은 소비에트화를 위해 한인들에게 러시아 국적을 허용하면서 공산주의적 교양을 강화시키기 위해 문화 및 선전 사업을 적극적으로 펼쳐 나갔다. 이러한 변화는 연해주가 한민족 독립운동 기지로써의 역사적 역할을 마감하게 되고 1937년 스탈린 강제이주 정책으로 연해주로부터 한인들을 배제하려는 소련의 계획이 실행되면서 러시아 땅에서 전개되고 세워진 민족운동, 독립운동, 한인사회는 붕괴되고 말았다.

러시아 한민족 독립운동사에서 제대로 밝혀지지 않고 간과된 부분이 있다. 구한말 함경도 일대 일본군을 괴롭혔던 연해주 의병의 조직책이자 재정적 후원자로 연해주 의병조직의 물주(物主)였던 최재형(최표토르 세메노비치)을 빼놓고는 연해주 지역의 한인 독립운동사를 논할 수가 없다.

▶ 연해주에 있었던 최초 임시정부 국민회의 청사

최재형은 이상설, 홍범도, 안중근과 활동하면서 가장 중심적인 역할을 하였지만 좌익에 가까운 인물이라는 이유로 제대로 부각되지 못하였다. 블라디보스톡에 정착하여 사업적 수완으로 부를 축적한 최재형은 한인자치기관을 만들어 고통 받는 이주 한인들을 돕고 민족학교 설립을 통해 교육지원에 앞장을 섰다. 우수한 학생들을 선발하여 블라디보스톡, 니콜스크-우수리스크, 이르쿠츠크 등의 도시로 유학을 보냈다. 한명세, 오하묵, 최고려, 김미하일 등 이 시대 대표적 공산주의 독립운동가들이 최재형의 지원과 도움으로 지도자가 되었다. 민족의식이 투철했던 최재형은 연해주 민족운동, 의병활동, 독립운동 자금 조달은 물론 '대동공보' 재발간, 안창호, 이종호, 김병학 등과 더불어 '대양보'를 발간해 민족의식을 고취시키고 권업회를 이끌어 동지들을 규합, 독립운동을 조직화하는 사업을 하였다.

▶ 홍범도 장군

최재형은 이범윤과 함께 1905년 을사조약 이후 국내 의병세력과 연대해 의병을 조직해 대일투쟁을 전개했다. 1908년에는 1905년 이후 러시아 지역에 있는 모든 항일의병세력의 결합체로 러시아의 가장 대표적인 의병조직인 동의회를 조직하고 국내진공작전을 주도했다. 최재형이 이끈 의병부대는 안중근, 엄인섭 등의 지휘하에 1908년 7월 두만강 연안 신아산 부근 홍의동을 공격해 100여명의 일본인 사상자를 냈고 회령 근처 운성산과 부령읍 인근 배상봉에 주둔한 일본군도 크게 격퇴하는 등 큰 성과를 올리기도 했다.

　1919년 설립된 상해임시정부가 연해주에 있던 최재형을 임정 초대 재무장관에 임명할 정도로 대한 독립자금의 중책을 맡았지만 이에 못지 않게 의병에서 빨치산 투쟁까지 러시아에서 전개된 독립운

▶ 안중근의사의 생존 최후

동의 핵심 인물이었다. 최재형은 초기 연해주 독립운동과 한인사회에서 중심축 역할을 했던 지도자였다. 안중근의 이등박문 암살은 단독으로 이뤄진 것이 아니었다. 동의회 일원이었던 안중근 의사는 최재형과 함께 거사를 계획하고 실행에 앞서 최재형 집에서 모의 훈련을 하였다.

1917년 볼셰비키 혁명이 일어나자 안치혜 집행위원장이었던 최재형은 빨치산을 조직하고 연해주 해방운동을 벌이기 시작했다. 그러나 1920년 4월 일본군의 블라디보스톡, 니콜스크-우수리스크, 하바로프스크 등 연해주 지역 빨치산 토벌작전으로 최재형은 일본군에 납치된 후 모진 고문을 당한 끝에 4월 5일 총살되었다. 4월 참변이다.

▶ 2011년 8월 블라디보스톡 부근 크라스키노 지역에 안중근 의사와 항일투사 11명이 모여 조국의 독립을 결의한 것을 기념해 세운 단지동맹 기념비

## 2. 러시아에서 전개된 민족운동과 사회주의 영향

1905년 을사늑약이 체결된 후 국내외 항일운동 세력과 애국지사들은 연해주 지역을 활동무대로 하여 집결하였다. 1906년부터 연해주 고려인사회는 국권회복과 독립운동이 본격화 되고 홍범도, 안중근, 이범윤 등의 연해주 의병이 조직되기 시작하였다. 이어서 이동휘와 이상설이 중심된 최초의 임시정부인 대한 광복군 정부가 블라디보스톡에 세워지고 무장 투쟁력을 갖춘 독립군이 설립 되었다. 그러나 1914년 발발한 제1차 세계대전은 러시아 극동지역 한인독립투쟁 기반을 위협하는 계기가 되었다. 유럽전선에서 독일과 대치하고 있던 러시아는 시베리아 극동지역 제2전선 형성을 차단하기 위하여 일본과의 타협으로 협력자세로 전환, 한인 독립투쟁운동을 철저하게 탄압하였다.

이로 인해 독립운동단체들이 해산되고 해외독립운동의 핵심기지 역할을 하던 연해주 항일지휘본부가 붕괴되기에 이른다. 이런 상황에서 1917년 10월에 일어난 러시아 혁명은 항일세력들의 재집결과 투쟁력을 회복하는 전기를 가져다 주게 되었다. 러시아 10월 혁명은 한인독립운동 세력들에게 새로운 세계관과 국제적 인식을 함양 시키는 기여를 하였다. 독립운동가들은 소비에트[23] 건설 참여가 조선 독

---

23. 소비에트 : 소련연방 시대의 각급 권력기관. 러시아어로 평의회를 뜻한다.

립과 혁명으로 연결 될 수 있다는 믿음을 갖게 되었고, 이러한 흐름은 조선인의 볼셰비키[24] 당원 가담으로 이어졌다.

연해주로 넘어온 독립군들은 적군(혁명군)과 한편이 되어 백군(반 혁명군) 및 일본군을 상대로 싸웠다. 볼셰비키혁명을 막기 위해 미국, 영국, 프랑스, 일본군들이 시베리아에 진출하는 복잡한 국제정세에서 조선독립군들이 러시아 혁명군에 적극 가담함으로써 러시아 혁명 성공에 일조를 한 것이다. 여기서 주목할 부분은 한민족 독립운동사가 좌익세력들이 주도적 역할을 하게 된 것이 러시아 혁명에서 기인하였다는 사실이다.

필자는 러시아 사회주의 혁명의 영향과 파급이 독립세력들의 정신무장과 희망에 크게 작용하였고, 이 결과 독립군의 투쟁력과 사상적 무장이 강화되는 긍정적인 기여를 하였다고 본다. 해방공간에서 격렬했던 조선공산당의 빨치산 투쟁도 독립운동세력들이 러시아 혁명투쟁에 함께하면서 터득한 혁명전략이었다. 초기 연해주 조선 독립군들은 사회주의에 대한 인식이나 개념을 갖추지 못하였으며 주

---

24. 볼셰비키 : 블라디미르 레닌이 주도한 러시아사회민주노동당의 사상적 조직적 사회주의자들로 러시아 2월 혁명, 10월 혁명을 성공시킨 정치 그룹. 볼셰비키(러시아어: большевик, 다수파) 소련공산당의 전신인 러시아사회민주노동당 정통파를 가리키는 말로 다수파(多數派)라는 뜻으로 과격 혁명주의자 또는 과격파의 뜻으로도 쓰인다. 블라디미르 레닌이 인솔한, 러시아 사회민주노동당의 분파이다. 폭력에 의한 혁명, 철저한 중앙집권에 의한 조직 통제를 주장하였다. 소비에트 연방 공산당(소련 공산당)을 말한다 후일 러시아 공산당으로 변신. 러시아사회민주노동당은 사회주의를 표방하는 멘셰비키와 공산주의를 표방하는 볼셰비키로 양분되어 있었다.

권회복과 해방투쟁을 목표로 싸웠다. 이 과정에서 러시아 볼셰비키 혁명을 만나면서 사회주의 혁명사상이 독립투쟁의 패러다임으로 자리잡게 된 것이었다.

중국보다 먼저 조건공산당 이 창건되면서 이들 세력이 항일투쟁의 주력화가 되고 한층 용맹화 된 것이 이를 뒷받침 한다.[25] "볼셰비즘에 대한 역사적 평가와는 별도로 러시아 혁명이 역사적으로 대단한 사건이었으며 또 볼셰비키의 등장이 세계적으로 중요한 현상이었음을 부정할 수는 없다"고 존 리드(John Reed)가 "세계를 뒤흔든 열흘"(Ten Days That Shook the World)[26]에서 묘사한 것처럼 러시아 조선인들은 볼셰비키혁명의 영향을 크게 받았다.

러시아 혁명은 유라시아 대륙을 넘어 한반도로 상륙, 지식인 사회에 제국주의 투쟁과 민족자결주의를 전파하였다. 조선인들의 사회주의 경향은 러시아에서 이렇게 시작된 것이다. 조선 빨치산 및 공산주의 창업기지인 시베리아 이르쿠츠크는 국제적 대치 지대였다. 조선 독립군들이 국제공산당과 연계 되면서 3.1운동을 전후한 연해주 한인들의 독립투쟁은 민족적 성격과 국제적 성격이 혼합되었다. 조선인 대표단이 태극기를 들고 코민테른 대회에 참가하였는데 이것은

---

25. 이창주「조선공산당사」(비록) 명지대학 1996. 5. 20
26. 세계를 뒤흔든 열흘(Ten Days That Shook the World) 미국의 진보적 언론인 하버드대학 출신 존 리드(John Reed) 가 20세기에 가장 중요한 사건인 러시아 혁명을 직접 체험하고 쓴 르포 문학으로 레닌, 트로츠키 볼셰비키 지도자에서 병사, 노동자, 농민들까지 러시아 혁명의 수많은 주인공들이 등장하며 '프롤레타리아 혁명'과 '프롤레타리아 독재'를 현실적으로 묘사한 것으로 평가 받고 있다.

조선독립군이 사회주의화 한 효시였다. 러시아를 무대로 전개된 한민족 독립투쟁사는 공산주의와 결합되면서 결과적으로 이념분단 민족분단 국토분단으로 이어지는 원초가 되었다.

## 3. 러시아 한인 민족 독립운동의 양대 참변사와 조선공산당

### 가) 4월 참변- 신한촌 참변

▶ 일본군에 잡혀가는 조선인 러시아군

1917년 러시아에서 볼셰비키혁명이 일어나자 1918년 일본은 시베리아 재류 거류민을 보호한다는 구실 아래 시베리아 출병을 단행하여 진을 친 다음 1920년 4월 신한촌을 기습, 한민학교와 한민보관 등 주요건물을 불태우고 한국인을 학살했다. 이때 연해주에서 활동하고 있던 독립운동 지도자 최재형(崔在亨)·김이직(金理直)·엄주필(嚴柱弼)·황경섭(黃景燮) 등이 사살되고, 블라디보스톡에서 50여 명, 니콜리스크에서 70여 명이 체포되는 등 조선인에 대한 잔인한 대량 학살 사건이 일어났다. 이것이 신한촌 사건(新韓村事件), 신한촌 참변, 사월 참변이다.

▶ 참살 당한 조선인 독립세력들과 불타는 신한촌

1920년 연해주 사회는 제정 러시아의 기존 체제를 지지하는 멘셰비키-백군과 혁명을 지지하는 볼셰비키-붉은 군대로 양분되어 있었다. 볼셰비키를 따르는 한인사회당(고려공산당 전신)을 결성한 세력이 우세해지자 멘셰비키[27]는 일본군과 연대하여 조선인을 핍박하게 되고 이로 인해 조선인 사회는 급격히 볼셰비키 쪽으로 기울어졌다.

1920년 3월 붉은 군대가 일본군의 거점인 우수리스크 지역을 공격하여 민간인 학살 피해가 발생하자 일본군은 4월 5일에 조선인 마을인 신한촌을 습격하여 조선인 민간인을 학살하였다. 붉은 군대에 조선인 항일 세력이 가담해 있었기 때문이다. 신한촌 뿐 아니라 연해주 곳곳에서 살인과 방화, 검거 사태가 이어지면서 이 지역 조선인 사회의 학살로 이어지고 신한촌을 무력 통제했다. 일본군의 만행이 극동지역 전역에서 광범위하게 일어났다. 신한촌은 블라디보스톡 한인집장촌으로 러시아지역 독립운동의 거점이며 항일운동 성지이었다. 수백명의 조선인들이 희생된 1920년 4월 참변 이후 러시아 지역 항일운동과 투쟁은 쇠퇴하기 시작하였다.

▶ 연해주에 진출하는 일본군

---

27. 러시아어로 소수파(少數派)라는 뜻이다. 1903년 러시아사회민주노동당 제2차 대회에서, 조직론을 둘러싸고 당이 양분되었을 때 레닌이 이끄는 볼셰비키(다수파)와 대립하던 소수파를 말한다. 지도자는 L.마르토프이다. 1903년 사회민주당 대회의 논쟁에서 레닌이 이끌었던 볼셰비키파와 대립되는 의미로 쓰인다.

### 나) 자유시참변(自由市慘變)- 흑하사변(黑河事變)

▶ 러시아 연해주 조선인 독립군 부대 집결지대

자유시참변(自由市事變) 일명 일명 흑하사변(黑河事變)은 자유시-알렉세예브스크(Alekseyevsk)에 집결한 한인독립군대 간 독립군통수권 쟁취를 위해 볼셰비키-붉은군대가 가세한 비극적인 민족 갈등의 교전 사건이다. 오하묵이 이끄는 자유대대:러시아파와 박일리아가 이끄는 니항군(사할린의용대):상하이파 사이에 무력 충돌이 일어났다. 당시 독립군 진영은 블라디보스톡의 대한국민의회와 상하이 임시정부간의 갈등과 더불어 고려공산당 이름의 사회주의 주도의 독립운동 대열이 러시아와 중국 영향으로 러시아파와 상해파로 양분되어 있었다. 자유대대는 러시아파였고, 니항(니콜라예프스크)군은 상하이파였다.

사할린부대 · 이항(尼港)군대 라고도 불린 사할린 의용대는 이항(니콜라예프스크)에서 트라피친의 적색 빨치산과 함께 일본군을 대파한 한인부대로서, 일본군의 추격을 피해 자유시로 들어왔다. 당시 자유시에는 자유대대 외에도 홍범도의 대한독립군, 최진동의 도독부군 등 간도지방에서 이동해온 한인무장 부대가 집결해 있었다. 사할린 의용대의 지도자 박일리아는 자유대대의 오하묵(吳夏默) · 최고려(崔高麗) 등과 군통수권을 둘러싸고 대립하게 되었다. 자유대대는 원래 대한국민의회 휘하의 무장부대였다가 러시아 극동공화국 인민혁명군 제2군단에 편입된 한인부대로 상해 임시정부와 이동휘의 상해파 고려공산당에 대해 비판적인 이르쿠츠크파계였다.

1921년 6월 28일, 러시아 자유시(알렉셰프스크) 수라셰프카에 주둔 중인 한인 독립군부대 사할린 의용대를 한인보병자유대대(자유대대)와 러시아 적군 제29연대가 무장해제시키는 과정에서 반발 충돌하여 다수의 사상자를 낸 사건으로 이르쿠츠크파 고려공산당과 상해파 고려공산당의 파쟁이 불러일으킨 한국 무장독립전사상 최대의 비극적 사건이다.

자유시는 러시아 제야 강(Zeya River)변에 위치한 '알렉세예브스크(Alekseyevsk)'라는 마을로 '스바보드니(Svobodny)'라는 지명으로 불리는데 러시아어로 '스바보다(Svoboda)'가 '자유'를 뜻하기 때문에 한인들은 '자유시'라고 불렸다. 그리고 제야 강이 흘러 흑룡강(黑龍江)과 합류하는 지점에 있는 중국의 국경도시 헤이허(黑河)의 지명을 따서 '흑하사변(黑河事變)'이라고도 한다.

1920년 봉오동전투·청산리전투 등에서 독립군에게 참패를 당한 일본은 5만명의 병력을 동원하여 한국독립군 토벌작전을 대대적으로 전개하였다. 상황이 위태롭게 돌아가자 한인 독립무장세력들은 서일, 김좌진이 이끄는 북로군정서, 이청천의 대한독립단, 홍범도의 대한독립군 등 여러조직으로 분산되어 있던 독립군은 중국 독립군의 근거지 였던 헤이룽장성 밀산[密山]에 집결, 독립군을 연합·재편성하여 병력 3천5백 명의 대한독립군단으로 조직하였다.

대한독립군단은 우수리강을 넘어 연해주 이만(Iman, 달네레첸스크)에서 연해주 대한임시정부였던 대한국민의회(大韓國民議會)의 문창범(文昌範)과 자유대대를 이끄는 오하묵(吳夏默)이 러시아 붉은군대와 협의하여 각지에 흩어져 개별적인 전투를 벌이는 독립군을 자유시에 집결시켜 조직을 통합하려는 계획을 수립하였다. 연해주 수비대로 활동하고 있었던 자유대대는 연해주 조선인으로 조직

된 의용단으로 러시아에 귀화한 볼셰비키 당원인 오하묵이 주도하고 있었다.

1921년 1월-3월에 걸쳐 한인 독립군 세력들은 자유시에 총 집결하였다. 서일, 김좌진이 이끄는 북로군정서, 이청천의 대한독립단, 홍범도의 대한독립군, 간도지역 독립부대인 최진동(崔振東)이 이끄는 총군부(總軍府), 안무(安武)와 정일무(鄭一武)가 이끄는 국민회군(國民會軍), 러시아 의병대 김표돌이 지휘하는 이만군, 최니콜라이가 이끄는 다반군, 박일리아 임표(林彪)·고명수(高明秀)이 지휘하는 니항군, 오하묵의 자유대대, 박그리골리의 독립단군 등이 모두 모이는 위대한 역사이었다.

그러나 니항군을 이끌었던 박일리아는 군통수권 장악을 위해 극동공화국 원동부(遠東部)- 한인부에 자유대대로 편입을 거부, 니항군대를 사할린 의용대로 개칭하고 자유시에 집결한 모든 한인무력을 그 관할 아래 두도록 했다. 오하묵의 자유대대는 니항군대와 다반군대에 의해 무장해제되고 지방수비대로 강제로 편입되었다. 자유시에 집결한 한인독립군들에 대한 군권이 일단 니항군의 승리로 돌아가자 자유대대의 오하묵·최고려 등은 이르쿠츠크에 있던 코민테른 동양비서부의 협력으로 독립군단의 통수권 확보를 위한 대책을 세웠다. 러시아 볼셰비키-붉은군대는 사할린의용대의 무장해제를 단행하기로 하고 사할린의용대가 불응하자 공격명령을 내려 무장해제를 단행했다.

자유시사변은 사할린의용군이 러시아 적군의 포위와 집중공격에 쓰러진 참변이었지만, 그 배경에는 한국독립군의 해체를 요구하는 일본군과 러시아 볼셰비키 공산당 간의 협상의 결과가 있다. 차르 정권이 몰락한 혼란을 틈타 시베리아 연해주를 점령하고 있는 일본군을 협상으로 철수시킬 필요가 있었던 볼셰비키 공산당은 일본의 요구를 무시할 수 없었고 대한독립군을 볼셰비키로 흡수하여 일본과 마찰을 피할 수 있었던 것이었다. 또한 독립군 내부적으로는 이르쿠츠크파 고려공산당 대 상하이 고려공산당 간의 정치적 대립투쟁까지 겹쳐진 결과로 일어난 복합적인 배경으로 발생한 사건이다.

이 사건의 희생자 수는 자료마다 상이하게 "재로고려혁명군대 연혁"에는 사망 36명, 포로 864명, 행방불명 59명으로, "간도지방 한국독립단의 성토문"에는 사망 272명, 익사 31명, 행방불명 250명, 포로 917명으로 되어 있다. 항일 독립 투쟁 운동사에 크나큰 오점인 자유시참변은 정확한 기록이 남아 있지 않고, 해석과 평가가 다르나 상해파와 이르쿠츠크파 양 진영의 파쟁이 빚어낸 비극으로서 이후의 한반도의 좌익운동에 악영향을 미쳤다.

## 4. 애국계몽운동 독립운동 성지 신한촌

블라디보스톡에 1860년대 말부터 시작된 조선인 월경 이주가 1890년대에 1,000여 명에 이르자 시 당국이 한민족 거주지역을 설정하면서 연해주[28] 조선인 집장촌이 형성되기 시작하였다. 이곳이 '카레이 스카야슬라보드카(한인촌)', 조선인들이 '개척리'라 부르던 신한촌 성립 이전 블라디보스톡 중심지에 위치해 있었던 오늘의 블라디보스톡 명소 거리이다. 그러나 1911년 러시아당국은 페스트 창궐을 기화로 개척리를 철거하고 2km 정도 떨어진 산비탈 외곽 하바로프스카야에 새로 설정된 구역으로 이주하도록 조처하였다.

---

28. 연해주[ 沿海州 ]: 러시아 영토로, 두만강 위쪽 동해에 인접해 있는 지역으로 통상적으로 블라디보스토크를 지칭한다. 역사적으로 이 지역은 발해의 일부 영토였으며, 조선 후기 청나라가 러시아와 싸울 때 조선에게 원군을 요청하여 두 차례에 걸쳐 나선 정벌을 한 곳이다. 발해가 멸망한 뒤 이곳을 관리하는 나라가 없다가 명나라와 청나라의 지배를 받았는데, 1860년 베이징 조약으로 러시아 땅이 되었다. 지정학적으로 시베리아의 동남단 흑룡강(黑龍江), 우수리강(烏蘇里江), 동해로 둘러싸인 지역이다. 러시아에서는 프리모르스키 지방(Примо́рский край)이라고 한다. 행정 중심지는 블라디보스토크이다. 면적은 16만5,900 km², 인구는 250만 명(2015년 기준)이다. 프리모르스키 지방은 서북쪽으로 중국, 서남쪽으로 조선민주주의인민공화국 라선특별시, 동쪽과 남쪽으로 동해와 접한다. 프리모리예라는 단어가 바다에 접한, 즉 연해라는 뜻이다. 블라디(vladi : 정복하다)+보스톡(vostok : 동쪽)이라는 지명 그대로 블라디보스톡은 1860년 7월 2일 러시아 극동정책의 일환으로 건설된 도시로, 1873년에는 러시아의 태평양 주요 항구가 되었고 러시아극동함대사령부가 있는 러시아 극동지방의 중심지이다. 연해주는 우리 동포들의 망명지로 항일독립운동 중심지였고 1910년 연해주 조선인들이 독립군 결성을 결의했으며, 김입(金立)·윤해(尹海)·문창범(文昌範) 등이 극동 시베리아 조선 지식인들을 결집하여 전로한족회중앙총회를 조직하고, 이동휘·김입·김알렉산드라 등이 하바로프스크에서 한인사회당을 조직하였다. 전로한족회중앙총회 개칭 대한국민의회(大韓國民議會)가 바로 임시정부의 모체이다. 한인사회당도 본부를 블라디보스토크로 옮기고 고려공산당으로 이름을 바꾸었다. 연해주는 임시정부 홍범도장군의 대한광복군 등 독립 운동의 근거지이자 민족단체가 활동한 지역이다.

조선인들은 이곳을 신개척리로 삼아 '신한촌'이라 명명하여 경작을 하고 학교를 세우고 신문을 만들고 명실상부한 조선인 마을, 러시아 코리아타운을 세웠다. 헛간과 부엌, 솥과 옹기, 온돌의 소형 목조 가옥들이 이주자들의 증가와 더불어 늘어나면서 신한촌은 연해주 조선인 중심무대가 되었다. 1915년 기준 신한촌에 정착한 조선인이 약 1만 명에 달하였다.

연해주 한인사회를 대표하는 신한촌은 항일민족지사들의 집결지였고, 국외독립운동의 중추기지로 이곳으로 망명, 활동했던 인물로는 이범윤(李範允)·홍범도(洪範圖)·유인석(柳麟錫)·이진룡(李鎭龍) 등의 의병장, 헤이그 특사인 이상설(李相卨)·이위종(李瑋鍾)을 필두로 하여 그동안 국내외에서 애국계몽운동을 주도하던 인물들이 망라되었다. 북간도 민족주의교육을 실시하던 이동녕(李東寧)·정순만(鄭淳萬), 미주에서 공립협회(共立協會)와 국민회를 조직·활동하던 정재관(鄭在寬)·이강(李剛)·김성무(金成茂), 국내에서 신민회(新民會)를 조직, 활동하던 안창호(安昌浩) 이종호(李鍾浩)· 이갑(李甲)·조성환(曺成煥)·유동열(柳東說), 민족주의사학자 박은식(朴殷植)·신채호(申采浩), 기독교계의 이동휘(李東輝), 대종교의 백순(白純) 등 애국계몽운동자들의 본산이었다. 이들 애국지사들이 고려인 사회 지도급 인물들인 최재형(崔在亨)·최봉준(崔鳳俊)·문창범(文昌範)·김학만(金學萬) 등과 합력해 1910년대 국내외 독립운동을 주도하였다. 안중근 의사도 이곳에서 최재형의 지원으로 독립영웅의 길을 가게 되었다.

▲연해주로 갔던 독립 민족운동가들

　신한촌에서의 1910년대 초기 한인활동 가운데 가장 두드러진 것은 권업회(勸業會)의 항일민족운동이다. 권업회는 신한촌 건설과 같은 시기인 1911년 5월에 조직되어 1914년 9월까지 3년여에 걸쳐 활동한 한인결사였다. 권업회는 조국독립을 위한 계몽활동과 민족주의 교육, 농상공업 등 실업 권장을 통해 한인사회의 정치적 지위향상을 도모하면서 독립전쟁론을 실현하는 것을 최고이념으로 삼았다. 1914년 신한촌에 대한광복군정부(大韓光復軍 政府)도 조직하였다. 대한광복군정부는 이상설과 이동휘를 정·부통령으로 각각 선출하고, 국외의 독립운동을 주도하면서 대한광복군을 양성해, 항쟁을 전개 하던 중 러시아의 전시체제 확립에 따른 권업회 해체와 동시에 폐지되고 말았다.

▲ 고려인 항일의병대

　신한촌 중심지에는 한민학교(韓民學校)가 건립되어 민족주의 교육에 크게 공헌하였다. 원래는 개척리에 있던 계동학교(啓東學校)를 확대, 개편해 개교했으나, 1911년 신한촌 건립과 동시에 이전하였다. 신한촌 외곽에는 조선사범대학·원동종합대학 등이 있어 고등교육으로 확대하였다.

　신한촌 안에는 신한촌민회(新韓村民會)라는 자치기구가 결성되어 한인사회의 자치를 신장시켜 나갔다. 이렇게 신한촌을 중심으로 활발하게 전개되던 항일민족운동도 1914년 제1차 세계대전 발발과 함께 러시아의 전시체제에 따라 탄압을 받으면서 민속운농의 중심지가 북간도로 옮아가게 되었다. 그러나 1937년 극동 한인의 중앙아시아 강제이주로 신한촌이 폐쇄될 때까지 신한촌에서의 한인 활동은 지속적으로 전개되었다. 신한촌은 단순한 한인 이주 집성촌을 넘어 신한촌 내에는 권업회, 한민학교, 고려극장, 선봉신문사 등 항일운동 단체, 민족운동 세력들의 활동과 더불어 한민족의 역사와 전통 문화 보존을 위한 노력도 행해졌다.

1917년 러시아 10월 혁명은 일어나자 일본이 시베리아 거주 일본인 보호 명분으로 일본군이 시베리아로 출병하여 멘셰비키 후원세력이 되면서 1922년에 철수할 때까지 5년 이상 연해주 지역에서 붉은군대와 내전 상태가 지속되었다. 일본군이 볼셰비키의 붉은 군대와 전투에서 수세에 몰리면서 희생이 따르자 1920년 4월 5일 붉은 군대와 한편인 조선인 항일 세력 소탕작전으로 신한촌을 습격하여 한인들을 학살하는 신한촌의 비극 4월참변을 자행하였다. 신한촌의 주요 조선인 시설 방화 살인, 검거 사태가 이어지면서 한인사회 지도자인 최재형, 김이직, 엄주필, 황경섭 등이 일본군에 살해되었다. 블라디보스토크와 우수리스크에서 각각 수십 명의 조선인이 체포되었다. 일제는 신한촌을 무력 통제하고 친일단체를 만들어 연해주 조선인 사회를 교란 분열시키어 항일운동 기지로서 신한촌 위치와 역할은 거의 몰락단계에 이르게 되었다.

▲현재 신한촌 모습

1920년 4월 일본군들의 자인한 신한촌 습격 학살 만행이 자행되고 1937년 스탈린의 고려인 중앙아시아 강제이주로 찬란하고 위대했던 신한촌 시대가 비극적으로 마감되었다. 현재는 대규모 아파트 밀집지역으로 변모해 한민족의 흔적이나 역사는 찾아볼 수 없다. 그나마 한 민간단체의 수고로 길가의 한 모서리에 초라하게 이름없는 돌비석 3개만이 세워져 수많은 한인 방문객을 애잔하고 슬프게 하고 있다. 연해주 대륙에 묻혀버린 한민족의 역사적 성지 신한촌의 흔적과 숨결을 국가와 민족의 유산으로 복원해야 된다는 목소리가 확산되고 있지만 외교적, 정치적 재정적으로 주도하여야 할 대한민국 정부는 방기하고 있다. 이 안타까운 현실에 국제한민족재단과 평화재단이 주도하여 범 동포적 자생 사업으로 성금을 모아 신한촌역사회복 전당 건립을 추진 진행하고 있다.

▲국제한민족재단 평화재단 신한촌 재건 조감도

연해주는 한반도에서 일제강점기 항일 투쟁이 들불처럼 타오른 곳이다. 홍범도, 안중근, 최재형, 이동휘, 이범윤 등 애국지사는 연해주 한인 동포들과 곳곳에서 무장투쟁을 일으키며 일제의 숨통을 조였다. '신한촌'(新韓村)을 중심으로 구한말부터 1920년대 초까지 민족해방운동의 거점이 됐다. 대동공보와 해조신문사는 자주독립 정신과 국권 회복을 부르짖은 대표적 신문으로, 안중근 의사와 황성신문 논설 '시일야방성대곡(是日也放聲大哭)'의 장지연 선생 등이 몸담았다. 이념 대결 진영논리에 함몰되어 사회주의 계열 독립운동가들이 상대적으로 조명을 받지 못했고 지금도 연해주에서 활동한 수많은 애국지사가 여전히 무관심 속에 잊혀가고 있다. 정부가 무관심속에 방치된 신한촌 독립운동 유적 역사는 망실되어 가고 있다.

## 5. 고려인 독립운동과 사회주의 민족운동

▲1910년대 신한촌 삼일절과 독립문

　인류사의 물줄기를 뒤바꾼 러시아혁명은 식민지 상태에 놓여 있던 한반도의 운명과 일제 식민지 시대 민족운동과 독립운동사에 큰 영향을 미쳤다. 러시아 연해주에 근거지를 둔 고려인 사회와 독립운동 세력은 변화의 격랑에 휩쓸렸다. 열렸다. 이동녕 중심의 독립적 민족주의자들, 이동휘 중심의 민족주의적 사회주의자들, 김알렉산드라 · 오하묵 등 한인 2세 볼셰비키 당원들의 노선과 방향이 상이한 3대 세력이 러시아 혁명에 성공한 볼셰비키와 연대하는 문제를 논의하기 위해 1918년 3월 러시아 하바롭스크에서 조선혁명가대회를 개최, 한인 사회주의 정당을 세우기로 합의했다. 그 결과 1918년 5월 13일 출범한 한인사회당은 아시아 최초의 사회주의 정당이었다. 주목하게 되는 것은 한반도 역사에서 최초의 사회당이 러시아 혁명에 참여와 영향을 받고 국제관에 눈을 뜬 젊은 고려인 청년 2세들이 주도하였다는 것이다. 당 중앙위원장에 이동휘가 선임됐지만 실질적인 창당 주역은 하바롭스크 소비에트 외무위원이자 볼셰비키당 책임비서인 여성 김알렉산드라였다.

한인사회당의 목표는 러시아 볼셰비키와 연대해 조국을 일제의 사슬에서 벗어나게 만드는 것이었다. 그러나 러시아가 볼셰비키의 적군과 반혁명 세력의 백군이 내전 중이고 혁명 확산을 우려하는 열강이 군대를 파병해 백군을 지원하자 정세가 불안정하게 전개되고 있었다. 한인사회당이 창설한 한인적위대는 우수리 전투에 참가해 백군과 싸웠다. 모국이 없는 재러 한인(고려인)이 전개한 최초의 국제무장투쟁이었다. 그러나 하바롭스크가 백군과 열강 연합군의 지배에 들어가자 한인사회당은 아무르주로 근거지를 옮겼다. 이 과정에서 김알렉산드라 등 않은 한인 볼셰비키 당원이 처형되거나 체포됐고, 이동휘는 중국으로 건너가 1919년 11월 상하이에서 통합임시정부의 국무총리로 취임했다. 이때 한인사회당도 함께 본부를 상하이로 옮기고 하바롭스크에는 지부를 두었다.

　1920년 1월 러시아 적군이 이르쿠츠크를 점령하자 러시아 귀화인 오하묵 김철환 등은 이르쿠츠크 공산당 한인지부를 조직, 9월 고려공산당 중앙총회로 확대 발전하였다. 상하이파로 불린 한인사회당은 민족주의자에서 사회주의자로 변신한 사람이 주축이 되어 고려인들의 지지를 받는 민족사회주의 결사체인데 비해 이르쿠츠크파인 고려공산당은 국제공산주의조직 코민테른의 지원을 업고 있다는 국제사회주의 성격을 갖고 있었다. 배경과 노선이 다른 두 세력은 독립운동 지휘 주도권을 놓고 대립하면서 코민테른 지원 이르쿠츠크파가 통합을 위해 모든 독립군들이 집결해 있는 자유 시 (스보보드니)[29]에서 1921년 6월 28일 러시아 적군과 이르쿠츠크파의 고려혁명군정

---

29. 자유 시 (스보보드니): 러시아 아무르 주의 도시이다. 자유시는 러시아 제야 강(Zeya river)변에 위치한 '알렉세예브스크(Alekseyevsk)'라는 마을이며,'스바보드니(Svobodny)'라는 지명으로 불린다. 러시아어로 '스바보다(Svoboda)'가 '자유'를 뜻하기 때문에 '자유시'라고 불렸다. 1932년에는 바이칼-아무르 강제 노동수용소가 들어서 1948년까지 운영되었다

의회가 연합하여 상하이파를 따르는 사할린 의용대와 청산리 전투 후 일제의 진압작전을 피해 러시아로 넘어온 만주 독립군 일부를 공격해 300명 넘게 살상을 한 비극적이고 참혹한 사건을 일으켰다. 이것이 이름하여 자유시참변으로 한민족독립운동사에서 가장 불행한 사변이다.

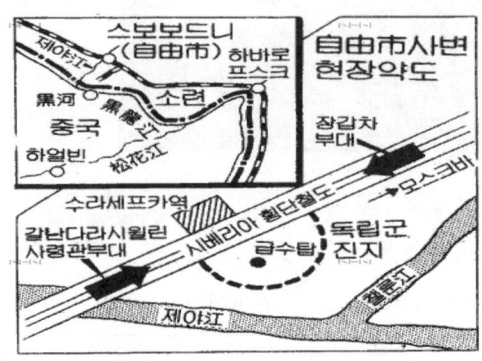

자유시 참변으로 러시아 한인독립운동사는 무력화 되는 침체기를 겪는다. 민족사회주의 진영은 항일전쟁의 지원 세력이라고 믿었던 볼셰비키 실체에 대한 의문을 갖게 되고 실망하기 시작하였다. 우려대로 이르쿠츠크파가 몰락하고 상하이파가 주도권을 탈환해 1922년 10월 통합고려공산당을 창설하지만 소비에트 정부는 이를 인정하지 않고 러시아 적군도 독립군을 무장해제했다. 그 배경에는 정통 사회주의자가 아닌 민족주의 세력인 이동휘 사회당 득세가 못 마땅하고 일본군이 시베리아와 연해주에서 물러나 조선 독립군의 힘을 빌릴 필요가 없어졌기 때문이다. 러시아 혁명세력의 지원과 협력으로 본격적인 대 일본 독립전쟁을 전개하려던 독립군들은 새로운 격랑을 만나게 되었다.

## 6. 극동 시베리아 3대 고려인 거목

### 여성 독립운동가 김 알렉산드라(1885~1918)

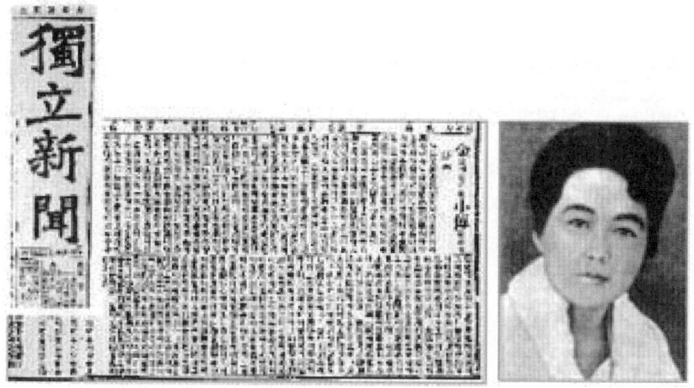

김알렉산드라(金一, 1885년 2월 22일 ~ 1918년 9월 16일)는 고려인 사회주의 운동가, 혁명가, 독립운동가로, 본명은 알렉산드라 페트로브나 김(러시아어: Александра Петровна Ким)이다. 연해주 우수리스크에서 이주민의 딸로 태어난 김알렉산드라는 독립운동 겸, 러시아 사회주의 운동에 참여했으며, 러시아 내전 시기에 백군에게 처형당했다. 그녀의 나이 33세에 일본군의 후원을 받는 백군과의 싸움에서 체포되어 한반도의 13개 도를 상징하는 열세발짝을 뗀 뒤 의젓하게 돌아서서 총살 당했다. 그녀는 하바롭스크 등지에서 일제에 억압당하는 한인 노동자를 위해 싸우고, 이동휘 선생과 함께 한인사회당을 세우는 등 여성의 몸으로 독립운동에 앞장섰으며 한인 최초의 볼셰비키 공산주의자이었다.

3·1운동이 일어나기 1년 전인 1918년 3월 하바롭스크에서 조선혁명가대회가 열렸다. 이동녕·양기탁 등 민족주의자들, 이동휘·류동열 등 민족적 사회주의자들, 김알렉산드라 · 오하묵 · 유스테판 · 오와실리 등 조선볼셰비키들이 참석했다. 이 대회에서 재 러시아 한인들의 독립운동에 볼셰비즘을 받아들일지를 두고 두 노선이 대립했다. 민족주의자들은 이탈했지만 볼셰비즘에 찬동하는 한인들이 1918년 4월 한인사회당을 건설했는데 이것이 아시아 최초의 사회주의 정당이고 우리역사 최초의 사회주의 입문이다. 구국운동의 조선 지식인 이념 패러다임 출발이었으며 이를 주도한 인물이 여성 청년 김알렉산드라 이었다. 한인사회당은 이동휘 · 김립 등 민족적 사회주의자들과 러시아에 이주한 한인 2세들 김알렉산드라 · 오하묵 등의 연합전선체였다. 한인사회당은 중앙위원회 위원장에 이동휘를 선임하고 군사부장 류동열, 선전부장 김립 등을 선임하였지만 조직·선전·군사 등 집행활동에서 김알렉산드라의 역할이 빛났다. 한국에서는 제대로 알려지지도 않고 잊혔지만 하바롭스크 민족운동사에서는 영웅으로 평가 받는다.

   하바롭스크에서 차르 체제를 지지하는 백군과 볼셰비키 적군과의 내전에서 이동휘 등은 러시아 내전에 가담하는 것을 반대했지만 류동열과 김알렉산드라 등 100여 명의 한인은 조선인 적위군(赤衛軍)을 조직해 백군과 맞서 싸웠으나 백군의 우세로 한인사회당도 하바롭스크를 떠나 아무르주로 이전하고 류동열·김립·김알렉산드라 등도 하바롭스크를 떠났지만 도중에 백군에 체포되고 말았다.

백군은 즉결심판으로 류동열·김립 등 10여 명의 한인들을 석방하고 김알렉산드라 등 18명에겐 사형을 선고했다. 마트베이 김(Matvei Timofeevich Kim)이 저술한 김알렉산드라의 전기에는 백군 장교가 "조선인인 그대가 왜 러시아의 시민전쟁에 참가했는가?"라고 묻자 "나는 볼셰비키다…나는 조선 인민이 러시아 인민과 함께 사회주의 혁명을 달성하는 경우에만 나라의 자유와 독립을 달성할 수 있다고 굳게 믿고 있다"고 답하고 총살당했다고 전하고 있다.

임시정부 기관지 '독립신문'은 대한민국 2년(1920) 4월 17일자, 20일자, 22일자 '김알렉산드라 소전 연재에 의하면 김알렉산드라의 부친은 함경북도 경흥에서 기사년 대흉년 때 러시아로 이주한 김두서였고 1885년생인 김알렉산드라는 열 살 때 아버지를 여의고 아버지의 폴란드인 친구인 스탄케비치의 손에 양육되어 사범학교를 졸업하고 교편을 잡았다. 이후 러시아 혁명운동에 나서 1917년 극동지방 조선인 조직사업을 책임지게 되었고 이동휘와 한인사회당을 조직했다.

사회당 조직의 핵심 인물인 김알렉산드라의 처형은 이동휘 등에게는 큰 타격이었다. 1920년 1월 이르쿠츠크에서 김철훈, 오하묵 등이 결성한 '이르쿠츠크 공산당 한인지부'(이르쿠츠크파)와 상해파로 불린 이동휘의 한인사회당과 치열하게 경쟁하면서 발생한 자유시참변 사변은 김알렉산드라가 살아 있었다면 예방될 수 있을 것이라고 이동휘는 탄식하였다고 한다.

### 조국이 버린 광복군 독립영웅 홍범도 장군(1868~1943)

중앙아시아의 벼 생산 중심지 크질오르다 주변에는 고려인들이 건설한 많은 집단농장(콜호스)들이 있었다. 항일 독립운동의 전설적인 영웅, 홍범도 장군이 고려인강제이주 대열로 이곳으로 이주해 말년에 조선극장의 경비 수위로 일을 하다 쓸쓸하게 운명한 곳으로. 장군의 유해가 모셔져 있다. 백두산 호랑이라 불리던 홍범도(洪範圖,) 장군은 평안북도 태생의 포수 출신이지만 독립군이 되면서 그 무용과 전술로 광복군을 이끈 항일 무장투쟁사의 전설적 영웅으로 평가받고 있다. 봉오동(1920)과 청산리(1920) 전투의 대승을 거두었으나 대패한 일제의 보복으로 간도 일대의 조선인 마을을 초토화시키고 1만 명이 넘는 조선인을 학살하는 '간도 학살'(경신참변)을 맞는다. 러시아 자유시로 독립군 부대들이 옮겨갔지만 독립군끼리 총을 겨누는, 독립운동 역사상 최대의 비극이자 불상사라고 일컬어지는 자유시 참변(흑하사변, 1921)을 겪어야 했다. 참변 후 이르쿠츠크로 이동되어 홍범도 부대는 소비에트 적군(赤軍)에 배속되었고 홍범도는 적군 내 한인빨치산(의용군) 대대장으로 임명되었다. 독립군 사령관을 자임하던 홍범도의 가는 길은 파란만장하였다. 홍범도는 레닌을 만나고 소련공산당(볼세비키)에 입당(1927)하였지만 다시는 독립군 전선에 서지 못한 채 연해주 지역에서 농사를 지으면서 집단농장 관리자로 살다가 스탈린 고려인 강제이주 정책에 따라 연해주를 떠나 중앙아시아 카자흐스탄으로 강제이주 당하였다. 홍범도는 끝내 광복을 보지 못하고 이국땅에서 파란의 70평생을 마감했다.

홍범도 장군은 구한말의 독립운동가. 만주 대한독립군의 총사령군으로서 봉오동 전투에서 독립군 최대의 승전을 기록하였으며, 청산리 전투에서는 북로군정서 제1연대장으로 참가하여 승전하였다. 그 후 항일단체들의 통합을 주선하여 대한독립군단을 조직, 부총재가 되었으며, 고려혁명군관학교를 설립했다.

홍범도는 1910년 조선반도가 일제에 의하여 강제 점령되자 만주로 건너가 독립군 양성에 전력하였고, 1919년 3·1운동이 일어나자 대한독립군의 총사령관이 되어 약 400명의 독립군으로 1개 부대를 편성, 국내에 잠입, 일본군을 급습하여 전과를 거두기도 하였다.,

1921년 러시아에서는 레닌 정부의 협조를 얻어 고려혁명군관학교를 설립하는 등 독립군의 실력양성에 힘썼으나, 소련 당국의 대한독립군 무장해제령으로 빚어진 자유시사변(自由市事變)을 겪은 뒤 이르쿠츠크로 이동하였다. 이후 연해주에서 콜호스(집단농장)를 차려 농사를 지으며 한인들에게 민족의식을 고취시켰으나, 1937년 스탈린의 한인강제이주정책에 의하여 카자흐스탄의 크질오르다로 강제이주되었다. 이곳에서 극장 야간수위, 정미소 노동자로 일하다가 1943년 76세로 사망하였다.

1982년 카자흐스탄 고려인협회 《레닌기치》 신문들이 중심이 되어 장군의 유해는 크질오르다 중앙공동묘역으로 이장하였으며, 흉상과 3개의 기념비를 세웠다. 말년에 거주하던 집은 크질오르다의 역사기념물로 지정되었고, 집 근처의 거리는 '홍범도 거리'로 지정되었다. 1962년 대한민국 정부에서는 독립운동에 기여한 공훈을 기려 건국훈장 대통령장을 추서하였다. 그럼에도 불구하고 오늘의 홍범도 묘역과 유적은 제대로 관리되지 못하고 잡초만 무성하다.

▲ 카자흐스탄 크질오르다 지역에 있는 홍범도 장군 묘역

홍범도 장군은 천민계급 출신이다. 조실부모한 그는 15세까지 이웃마을 지주 집에서 꼴 머슴살이를 했다. 나라나 사회로부터 혜택은 커녕 차별과 수탈을 강요당한 신분이었지만 특권을 누려온 이들이 조국을 배신할 때 그는 의병투쟁에 몸을 던졌다. 홍범도는 간도와 극동 러시아의 춥고 험준한 산악지대를 넘나들면서 빨치산 대장으로 일본군을 토벌했다. 독립군 부대를 조직해 국치 이래 최초로 국내 진입작전을 펴 일제를 공포에 몰아넣었다.

홍범도 장군은 항일투쟁의 전설이었지만 반공 국시 우익정권 남한에서는 레닌으로부터 이름이 새겨진 권총과 돈을 받았고 볼셰비키에 입당했다는 이유로 철저히 배제되었고 북한에서는 김일성과 비교될 수 있다는 이유로, 중국이나 옛 소련에서는 그가 공산 정부를 수립하기 위해서가 아니라 민족독립을 위해 항일운동을 했다는 논리로 과소평가되었다. 항일 무장투쟁에서 최고의 홍범도 장군은 지금까지도 유해 귀환 논의조차 없는 망각의 독립군 장군이 되어가고 있다.

### 극동 연해주 독립운동의 대부 최재형(1858-1920)

 최재형(崔在亨)은 연해주 독립운동사에서 절대적 핵심 거점 역할을 한 항일 독립운동가이다. 러시아 이름은 최 표트르 세묘노비치(Цой Пётр Семёнович)이다. 아버지 노비 최흥백과 어머니 기생 사이에서 천민으로 태어난 함경도 경원태생으로 어렸을 때 아버지에 이끌려 조선인들이 정착해 살고 있던 초기 조선인 이주마을 러시아 지신허로 갔다. 최재형은 항구에서 우연히 만난 수산업을 하는 러시아 선장과의 인연으로 양자가 되고 귀화되어 여기서 교육과 사업을 배우고 유산을 받아 수산업으로, 군수업으로 대성한 초기 러시아 조선이주자의 후예이다.

 최재형은 군수업으로 막대한 부를 축적하였으며 이주 조선인들을 직원으로 고용하여 절대빈곤에 시달리던 조선인들의 경제자립 생활안정에 기여하였다. 최재형은 러시아에서 쌓은 자신의 재산 대부분을 조국의 독립 항일투쟁을 위해 바친 민족관 국가관 시대관이 투철한 철학과 사상을 겸비한 지도력과 용기 있는 행동하는 우국지사였다. 연해주 의병들의 총기 구입 등 무장을 지원하고 러시아 항일의병 세력을 단결시킨 동의회를 결성하는 군사적 활약을 했다.

연해주 신한촌에서 《대동공보를 발행, 고려인들의 항일의식을 고취시키던 최재형에게 안중근의사가 찾아오는 운명적 지사들의 결합은 최재형으로 하여금 안중근 의사 거사의 배후가 되는 계기가 되었다. 최재형은 이토 히로부미 사살 장소를 하얼빈으로 정하는 것부터 안의사가 거사 후 일본이 관할하지 않는 러시아 법정에서 재판을 받도록 계획하고 변호인 선임 등 치밀한 준비를 하였지만 안중근 의사가 1910년 일본 법정에서 재판을 받고 처형되자 안중근 의사를 지켜주지 못했다는 자책감으로 안의사의 부인 아이들 보호는 물론 항일투쟁 전선에 본격적으로 나서기 시작하였다.

안중근 의사 거사로 연해주의 조선인들이 러시아 감시를 받게 되자 무장조직 보다는 권업회를 창설하여 독립운동을 지하화 하였다. 그러나 일본의 음모 공작으로 최재형 경제 수입원인 러시아 정부 거래가 막히어 경제적 어려움을 겪게 되었다. 이로 인해 1919년 상해에서 수립된 대한민국 임시정부의 재무총장에 선임되었으나 부임하지 않았다.

최재형은 한 초라한 집에서 63세의 나이로 1920년 일본군 신한촌 습격사건에서 일본군에 의해 총살당하고 말았다. 제정러시아 말기에서 소년조기까지 연해수 한인사회를 이끌었던 대한제국 시기의 핵심 연해주 독립운동가의 생애는 이렇게 끝났다. 러시아 땅에서 군수업으로 쌓은 막대한 부를 조국 독립운동을 지원하는고 헌신하는 바친 위대한 대한 디아스포라의 영웅이다.

▲블라디보스톡 최재형 고택

을사조약 체결로 조선의 국운이 위태롭던 시기인 1906년 제정러시아에 살고 있는 한인 가운데 당시 연해주 사회에서 경제력을 확보하고 영향력 대성한 고려인 지도자 최재형은 모든 부귀 영화를 포기하고 연해주 최초의 의병부대 조직 지휘, 무장투쟁 전개, 1909년 안중근 의사 전 조선총독 이토 히로부미 암살계획 준비, 1911년 항일인사 블라디보스톡 애국단체 권업회 조직(초대 회장) 등의 대부이다. 최재형의 후손들이 러시아 모스크바와 카자흐스탄 알마티 등지에서 거주하고 있으며, 1962년 최재형의 후손에게 대한민국 정부로부터 『건국훈장』이 추서되었다.

## 7. 조선의 지식인 혁명과 사회주의를 만나다

시베리아는 한반도 한민족의 통사가 서려있는 지대이다. 시베리아에서 시대를 고민하던 조선의 지식인 청년들이 국제관을 접하고 러시아혁명을 체험하고 민족관 국가관 시대관을 함양하였다. 여기서 민족운동 사회운동 독립운동이 조직화되고 이념화 되고 행동화 되었다. 그러나 이 과정에서 사회주의를 접하면서 분열과 대립의 역사가 일어났다. 아시아 최초의 사회당과 공산당이 태동하였다. 이 역사의 핵심이해는 나라 잃은 조선의 망명 독립운동 애국계몽운동 지사들이 고전적인 사회주의 공산주의의 정치 경제적 목적에서가 아니라 러시아혁명에 영향을 받아 독립운동의 수단으로 민족운동의 실행 방안으로 좌익노선을 선택하였다는 것이다. 독립운동은 사회주의 계열이 주도한 민족운동이고 결사체 이었다. 이 목표의 사상과 실천을 놓고 정파가 생겨나고 양분되고 충돌한 것이 시베리아 공산당 민족운동사이다.

사회주의적 시베리아 민족운동사는 1919년과 1920년에 한인이 조직한 상하이 고려공산당과 이르쿠츠크 고려공산당 2개의 공산당에서 출발한다. 두 조직은 서로 대립하면서 소련정부와 코민테른 으로부터 정통성을 인정받고 지원을 얻고자 경쟁, 반목하며 한인투장부대의 통수권을 둘러싸고 대립을 벌여 자유시참변이라는 비극을 만들었다.

양 진영의 파쟁은 순수한 공산주의 운동과 민족해방운동 전체에 악영향을 미쳤다. 코민테른은 양과의 화해와 통합을 권유했으나 실패하자, 1922년 12월 양파를 모두 해체시키어 통일된 공산당을 조직하게 했다.

1918년 이동휘, 김알렉산드라가 중심이 되어 하바롭스크에서 결성한 한인사회당(韓人社會黨)은 좌파 독립운동 단체로, 한국 최초이자 동아시아 최초의 사회주의 정당이다. 한인사회당의 이동휘(李東輝), 김립(金立) 등은 1920년 5월경 상하이에서 '한국 공산당'이라는 임시 조직을 결성하였고 이르쿠츠크에서는 김철훈 오하묵 등이 1920년 7월 전로한인공산당중앙총회를 결성하였다.

상해한인공산당과 전로한인공산당중앙총회는 모두 통일된 공산당 조직 건설을 목표로 삼고 있었지만, 공산당 창립의 주도권을 놓고 서로 대립하였다. 1921년 5월 상하이에서 국내를 비롯하여 중국만주, 일본 등지의 한국인 공산주의 단체 대표자가 참가하는 '전 한인 공산당 대표회'를 개최 '고려 공산당'이 결성되었다. 중앙위원으로는 이동휘, 김립, 박진순, 김철수, 장덕수 등이 선출되었다. 이와는 별개로 1921년 5월 이르쿠츠크에서도 한인 공산당 창립대회가 열렸다. 이 대회에는 국내를 비롯하여 소비에트 러시아 극동 공화국, 중국 등에서 26개 단체의 대표가 참석하였다. 이 대회를 통해 또 하나의 고려 공산당이 결성되었다. 중앙위원으로는 김만겸, 김철훈, 장건상, 최고려, 한명세 등이 선출되었다.

이르쿠츠크에서 결성된 고려 공산당에는 소비에트러시아에 귀화한 한인들이 많이 참여하였다.

이 두 개의 고려 공산당은 각각 결성된 지역명에 따라 '상해파 고려 공산당'과 '이르쿠츠크파 고려 공산당'으로 구별하였지만 추구하는 혁명론이 달랐다. 상해파 고려 공산당은 먼저 일제에 의한 식민 지배를 벗어나기 위해 민족 혁명이 필요하며 이 단계를 거쳐 프롤레타리아 혁명으로 전환하겠다는 것이며 이르쿠츠크파 고려 공산당은 사회주의 혁명을 통한 소비에트 건설을 목표하였다. 상해파 고려 공산당은 민족 혁명을 우선시하였기 때문에 광범위한 민족주의 세력과 민족통일전선을 추구하는 데 적극적인 반면 이르쿠츠크파 고려 공산당은 민족 통일 전선에 소극적이었고 코민테론 관계를 중시하였기 때문에 민족주의 세력과의 제휴에 부정적 이었다.

그럼에도 불구하고 시베리아 항일운동은 두 진영 결성 배경의 근본이었으며 지식인들이 중심적 활동을 하였으므로 박용만, 이승만, 안창호 등이 중심이 되어 설립한 재미 한인단체인 '대한인국민회'의 시베리아 지부가 1911년 '치타'에 설립되었고 연해주 지역의 항일운동의 배후 역할을 하였다. 그 배후 과정을 보면 '상해파 고려 공산당'은 시베리아의 한인을 반일운동에 규합하는 일이었고, '이르쿠츠크파 고려 공산당'은 시베리아의 한인을 볼셰비키전선에 동원하는 일이었다. 우세적인 위치에 있던 '상해파 고려 공산당' 대표 이동휘는 심복인 박진순(朴鎭淳), 김립(金立), 이한영(李漢榮) 등의 한인사회당 간부는 물론 여운형(呂運亨), 조완구(趙琬九), 신채호(申采浩), 안병찬(安秉瓚), 이춘숙(李春塾), 조동호(趙東祜), 최창식(崔昌植), 양헌(梁憲), 선우 혁(鮮于赫), 윤기섭(尹琦燮), 김두봉(金枓奉) 등의 임시정부관계자들도 가담시키는 데 성공하여 독립운동 결사체로서의 사회주의 민족운동 영역을 넓히어 갔다.

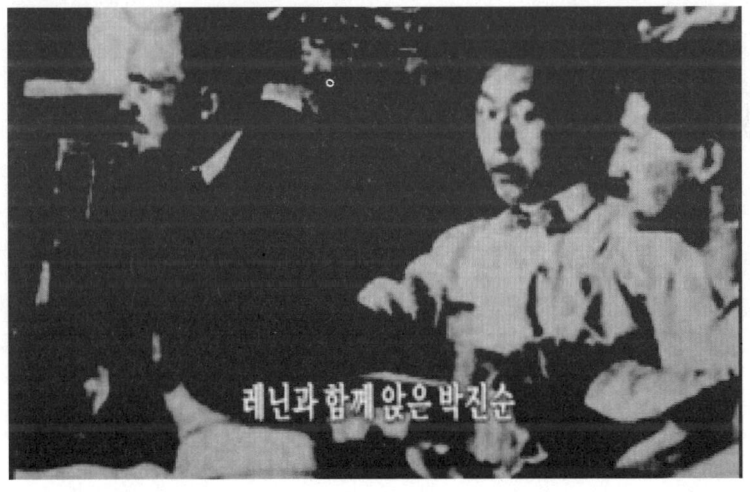

상해파고려공산당과 이르쿠츠크파고려공산당은 서로의 유일 정통성을 주장하면서 레닌 집단에 경쟁적으로 접근하려는 투쟁 관계에 들어갔다. 상해파에서는 중국 및 일본 공산주의자들과의 제휴, 국내공작, 민족무장단 지원 등을 통하여 세력을 확대해 나갔다. 반면 이르쿠츠크파에서는 상해지부 설치, 상해고려공청 조직, 러시아 안의 한인군사조직 장악 및 러시아 안의 한인볼셰비키화 공작 등을 통해 세력을 확대해 나갔다. 1919년 3·1운동 후 일제가 군국주의적 무단통치를 문화정치로 바꾸어 회유책을 쓰자, 민족운동도 새로운 국면에 접어들게 되었다. 이 시기의 민족주의적 사조는 점진주의와 급진주의의 두 경향으로 나누어졌는데, 1919-1921년은 점진 및 급진적 민족운동이 전개되고 민족주의운동 안에서의 사회주의적 경향이 나타난 시기였고, 1922-1923년은 민족주의운동 안에서의 사회주의운동의 분리와 사회주의운동 안에서의 소분파가 발생한 시기였으며, 1924-1925년은 민족주의·사회주의 양진영간의 대립의 노골화와 사회주의자 등이 조직정비를 시도한 시기였다.

## 제4장

# 러시아 이주 150주년 통사(痛史)

1. 조선민족의 러시아 이주
2. 고난과 역경의 굴곡진 러시아 정착사
3. 소비에트 극동의 조선인들

## 1. 조선민족의 러시아 이주

2010년 현재 공식적으로 한-러 관계 역사는 1860년 11월 연해주 포세트 지역 조선인 13가구 최초 이주 기록으로 150년, 1884년 7월 7일 체결된 조러수호통상조약(朝露修好通商條約) 체결의 외교관계 기록으로 130년이 된다. 그러나 한-러 관계의 최초는 1652년 청나라가 동진하는 러시아를 격퇴하기 위하여 조선에 원병을 요청, 이를 받아들여 참가 하였던 나선정벌[30] 합류로 시작되었다.

이렇게 볼 때 한러 관계 역사는 350년이 넘는다. 그렇지만 본격적인 한-러 관계는 1860년 베이징조약[31]으로 러시아제국이 연해주 일대를 획득하면서 이루어졌다. 1860년 북경 조약이 체결됨으로써 러시아의 공문서에 연해주의 까레이스키(한인)들이 처음으로 기록되었다. 그러나 실제로는 1860년 이전 시기부터 함경도의 농민과 어민들을 중심으로 한 유민들이 두만강을 넘어 연해주 지방을 개척하였

---

30. 나선은 러시아의 음역(音譯)이다 조선 효종 때 청(淸)나라를 도와 러시아를 친 싸움이다. 17세기 청나라 영토 헤이룽강[黑龙江(흑룡강)] 유역 일대를 침범하는 러시아를 격퇴하기 위하여 청나라가 사신 한거원(韓巨源)을 조선에 보내어 원병을 청하였으며 효종은 영의정 정태화(鄭太和)의 건의에 따라 함경도 병마우후(兵馬虞候) 변급으로 하여금 원병을 인솔 청군과 합류, 厚通江(후통강)에서 러시아군을 섬멸하였으며 제2차는 1658년(효종 9년) 3월에 역시 청나라 요청에 따라 정예 조총군 200여 명을 선발, 병마우후 신유(申瀏)를 대강으로 삼이 청군과 디불이 경벌에 니시 적의 배 10칙을 불대워 바리고 적군 270명을 사살하는 승리를 거둔 싸움이다. 2차에 걸친 러시아 정벌은 효종의 즉위 후부터 준비해 왔던 조선조의 북벌 계획이었다.
31. 중국 베이징에서 청(淸)나라가 여러 외국과 체결한 10여 가지 조약의 통칭으로 1860년 10월 영국·프랑스와 11월에 러시아와 개별적으로 체결한 3가지 조약이 중심이다. 러시아와의 베이징조약에서 양국이 공유(共有)하기로 한 우수리강 동쪽 옌하이 지방[沿海地方(연해지방)]을 러시아령으로 할 것을 합의하므로써 이때부터 연해주는 러시아 영토가 되었다.

으며, 이 지역이 러시아로 편입되고 1861년 러시아에서 농노 해방이 되면서 한민족의 이주는 증가하기 시작하였다.

▶ 국경에서 검문 당하는 이주자들

▶ 초기 조선인 이민자

러시아는 슬라브민족들이 극동지역의 환경을 극복하지 못하고 정착에 실패하자 조선인들의 월경에 온건적이었다. 이로 인해 조선민중들은 봉건 지주들의 가혹한 수탈과 기아를 피해 만주를 거쳐 두만강과 합쳐지는 우수리강 하구를 건너 러시아 변방인 연해주로 흘러들어갔다. 1863년 조선인들의 연해주 이주가 집단화 되면서 증가되기 시작한 러시아로의 이동은 1869년 북한지방의 대기근으로 1만명대로 급증하였고 1881년 발생한 홍경래난은 연해주로의 월경을 더욱 가중 시켰다. 1905년 을사보호조약 이후에는 러시아 극동지역이 생존이주 이상의 의병 기지화되었다.

1910년 경술국치 이후 한인 이민은 크게 증가하여 1914년에는 6만 3천명이 거주하는 규모로 발전했고, 블라디보스톡에 신한촌이 건설되기에 이른다. 이렇게 정착된 러시아의 한민족사회는 1918년 4월 일본군이 연해주를 점령하면서 고난의 시대를 맞게 되었지만 1920년대 초 한인의 러시아 이주는 최고조에 달해 1926년 러시아공산당 극동지역집행위원회 소수민족담당 전권대표 김기령의 조선족 총화보고[32]에 의하면 극동지역에만 조선족의 수가 160,000명을 넘었으며 유치원에서 전문사범학교까지 176개의 조선인 학교와 300여개의 문맹퇴치학교가 설립되고 15개의 조선신문과 잡지가 발행되고 있었음을 밝히고 있다[33]. 그러나 1937년 스탈린의 고려인 중앙아

---

32. 이창주 「1920년대 소련의 조선족」북방연구소 1992. 7. 15
33. 이창주 해외한민족사연구집 「유라시아의 고려사람들」명지대학 1998. 6. 26

시아 강제이주[34]로 러시아의 고려인 사회는 붕괴되고 한민족이주역사에서 가장 암울하고 참담한 수난의 시대를 당하게 되었다.

▶ 조선인 정착가옥과 부락

러시아에는 이와는 성격이 다른 또하나의 처절한 고려인 정착사가 있다. 일제 식민지시대 조선총독부의 강제징용령에 의해 사할린

---

34. 스탈린의 고려인 강제이주정책에 따라 1937년 9월 21일에서 11월 15일까지 시행된 러시아 한민족 강제이주 : 우즈베키스탄 16,272가구 76,525명, 카자흐스탄 20,170가구 95,256명(총 36,422가구 171,781명) 이주 되었고 비밀리에 끌려간 수천명 한인 지도자 행방불명. 화물차 가축운반차 개조한 차량에 짐짝처럼 실려 한달동안 시베리아 혹한을 거쳐 중앙아시아의 허허벌판에 분산되어 토굴 마굿간 창고에서 기아와 엄동설한으로 현지 생활 시작. 이주 도중 발생한 홍역으로 유아사망률 60%. 이주 후 한인 거주이전, 거주구역 제한, 민족교육 금지, 국가기관 취업 취학 제한, 사회·군대 정치 진출 봉쇄.

으로 끌려와 일본으로부터의 착취와, 반 인륜적 범죄행위를 당하고 소련의 억압과 조국으로부터의 무관심과 소외로 해방공간에서 귀국을 못한 채 눌러 앉혀진, 이른바 비극의 땅 가라후토의 고려인 사회가 있다. 사할린은 러시아 영토였으나 러일전쟁에서 승리한 일본이 남 사할린을 차지하면서 가라후토로 명명하여 이 지역에서 석탄채광 등 군수물자를 조달하기 위해 5만명의 조선민족을 강제 징용하여 참혹한 노역을 자행한 곳이다.

1945년 소련군이 점령한후 조사한 보고서에는 사할린의 조선인 징용자수가 4만 5천여명으로 기록되고 있다[35]. 이 자료에 의하면 5천여명이 행방불명이 된 것이다. 그러나 이에 대한 규명작업은 소련 공산주의체제하에서 상상할 수 없는 일이기 때문에 1991년도까지 방치해 오다가 고르바초프의 페레스토로이카 정책으로 고려인들의 사회 활동이 가능해지면서 부모 형제의 생사찾기 작업이 시작되었고, 사할린 고려인 회복운동이 전개 되었다.

사할린 고려인들은 국적을 7번이나 바뀐 인류 사상 초유의 기구한 운명의 역사를 갖고 있다. 조선에서 일본으로, 해방공간에서 무국적자와 조선민주주의인민공화국으로, 소련이 점령한 후 소련국적으로, 다시 러시아 국적으로, 그리고 영주귀국 노인들은 대한민국 국적이 되었다. 사할린 고려인늘은 조국 해방, 한소 수교의 양대 기회에서도 원상회복을 상실하고 반세기 이상을 책임있는 일본, 러시아와 조국

---

35. 월간 「한민족포럼」 2000년 12월호 74페이지 이창주의 「아 비극의 섬 사할린의 우리민족」

제4장 러시아 이주 150주년 통사(痛史)　123

으로부터 배척당한 채 러시아인이 되어 살아가는 고려인 들이다. 현재 사할린에는 징용 1세대가 거의 사망하고 그 후에 4만 3천여명의 고려인들이 살아가고 있다. 지금은 고려인들의 명예회복도 이루어지고 성공적인 정착으로 안정되었지만 한-러 관계의 한민족사는 150년간의 수난한 삶의 기록이고 역사였다고 볼 수 있다.

▶ 1920년대 연해주 포시에트 고려인촌

▶ 1910년대 신한촌 고려인 어린이들

## 2. 고난과 역경의 굴곡진 러시아 정착사

함경북도 경흥지방에서 기근을 피해 세간도구를 갖고 이동하기 쉬운 겨울 두만강을 넘어 러시아 연해주 포시에트지구까지 10여명의 무리가 월경한 것이 공식적인 기록의 고려인 150년 이주역사의 초시이다. 1864년 여름(러시아 공문서 기록 기준으로 1864년이지만 실제 이주기록으로는 1860년) 지신허강 유역에는 이미 한인 30가구(140명)가 거주하고 있었다. 지신허강 유역에 지신허마을이 생긴 이후, 시디미강과 얀치헤강, 파타쉬강 등을 따라서도 한인들의 정착이 시작되고, 강 이름과 동일한 마을들(시디미, 얀치헤, 파타쉬, 아디미 마을)이 생겨나기 시작했다.

▶ 집단으로 이주하는 조선 사람들

러시아 신대륙으로의 한민족 도전은 이렇게 시작되었다. 러시아 국경수비대의 감시를 피해가며 이들은 움막집을 짓고 옥수수, 수수,

조를 뿌리는 개간 농사를 시작으로 삶의 터전을 일구어 나갔다. 여기가 지신허 마을이다. 이를 계기로 조선인들의 목숨을 건 불법 이주는 계속되었다. 불안정한 조선인의 이주는 1861년의 '러시아 이민법(무라비요프 이민법)'이 생기면서 초기 조선인들 연해주이주의 촉진제로 작용했다.

역사학자이자 독립운동가였던 계봉우가 "단기 4197년(1864) 갑자(甲子) 봄에 최운보와 양응범이 두만강을 건너 지신허에 내주하여 개척을 시작하니, 이는 '콜럼버스'의 신대륙 발견에 견줄 만하다"고 평하였다. 기록에 의하면 이주 조선인들은 적게는 대여섯 가구에서 수십 가구씩 넓게 흩어져서 거주를 하였지만 농사기반이 성공하면서 생산 가공 수단이 갖추어지고 자녀들이 공부할 수 있는 학교-지신허, 아디미마을 학교가 세워졌다. 1867년경에 이주자 수는 지신허 마을을 중심으로 약 185가구(999명)까지 증가하면서 계속된 이주로 연해주 남부의 포시에트지구는 한인정착촌으로 발전하여 나갔다.

▶ 압록강을 넘는 조선 이주자들

연해주에 이주 조선인들의 마을 형성되면서 자생적인 한인단체가 생겨났다. 1908년 〈해조신문〉, 〈대동공보〉를 비롯한 조선어 신문과 기관지들이 발행되고, 1927년 3월 1일에는 민족주의적 사회주의 계열의 신문인 〈선봉〉이 창간되어 러시아에서 살아가는 조선민족의 의식을 함영해 나갔다. 문예, 연극, 연주 등 문화활동도 활발하게 전개되는 등 명실상부한 코리아 타운이 되었다. 소비에트 러시아를 위해서도 충성스런 삶을 살아가고 있었다.

▶연해주 고려인들의 모국어 언론매체

러시아 극동 연해주의 블라디보스톡에서 우수리스크 방향으로 북한 두만강과의 국경에서 50km 정도 떨어진 하산군 비노그라드노예 마을, '지신허 마을 옛터'란 제목의 비문에는 '1864년 함경도 농민 13세대가 두만강을 건너와 정착한 극동 러시아 최초의 한인 마을'이란 비석이 있는 이곳이 조선의 한인들이 처음으로 정착했던 지신허 마을이 있던 곳이다. 이 비석은 2004년 한인 러시아 이주 140주년을 맞아 블라디보스톡에서 공연을 한 가수 서태지가 헌정한 것이다. 이곳은 1937년 고려인들이 중앙아시아로 강제이주 당하기 전까지 1천700여 명의 한인들이 모여 살았던 마을이지만 지금은 흔적도 없이 갈대만 무성하다.

지신허 마을이 러시아 이주 조선인의 첫 정착지로 알려진 것은 제정 러시아의 사료에 근거하고 있다. 1864년 9월 26일 연해주 주둔 동시베리아 개척부대 검열관 올덴부르크 대령이 연해주 군무지사에게 보낸 보고서에서 "남녀 65명으로 구성된 한인 14가구가 올 1월

조선에서 연해주로 이주해 성공적으로 농사를 짓고 있다"고 적고 있다. 원래는 중국 땅이던 이 지역이 1860년 베이징 조약으로 러시아 영토로 귀속된 것이다. 사료에 의하면 1864년 여름 지신허 마을의 한인은 30가구 140명으로 늘어났고, 1869년에는 6천500명이 넘었던 것으로 되어 있다.

▶ 하산-지신허 조선가족

이주자들이 증가하면서 조선인들의 농업 개척 개발에 우호적이던 러시아 정부의 태도가 통제정책과 단속 강화로 바뀌고 조선정부의 불법 월경 차단으로 러시아 이수가 희생적인 수난을 당하기 시작하였다. 그러나 기근과 가난, 조선 관리들의 학정 등을 피해 목숨을 걸고 국경을 넘는 조선인들의 이주 행렬은 계속되었으며 거주 마을도 블라디보스톡와 우수리스크 등지로 확산되었다.

▶ 초기이민사회의 노약자와 어린이들

한민족 러시아 이주 150년은 가난, 기근, 폭정, 일제 식민지 약탈 등을 피해 러시아로 이주한 조선인들이 척박한 환경속에서 차별과 탄압, 수난과 강제이주, 설움과 망향을 견디며 굴곡의 세월을 지나온 한민족 디아스포라 통사(痛史)이다.

조선인에서 고려인으로 호칭이 바뀐 구 소련-현 독립국연합의 한민족은 2013년 외교부 집계에 따르면 현재 러시아에 17만1천명, 우즈베키스탄 17만1천명, 카자흐스탄 10만5천명, 키르기스스탄 1만7천명, 우크라이나 1만2천명, 투르크메니스탄 1천명, 벨라루스 1천200명이 거주하고 있고 취업 등으로 한국에 들어온 고려인도 3만명 정도로 통계되고 있다. 여기에는 러시아에 거주하는 남한 주민이나 북한주민은 포함되지 않는다.

조선시대 조국의 핍박을 피해 대륙으로 이주한 선조는 중국 동북 3성 지역으로 넘어간 조선족과 러시아 연해주로 이주한 고려인으로 나뉜다. 고려인의 연해주 정착 시기는 조선인 13가구 60명이 연해주의 지신허(地新墟) 마을에 정착했다는 러시아 측의 공식기록을 근거로 1864년이지만 실제로는 1860년경으로, 1902년 사탕수수 농장 노동자로 인천 제물포항에서 하와이로 떠난 미주 이민보다 40년이나 앞선다.

▶ 신한촌의 삼일절기념식

▶ 연해주 수찬지구 독립군 부대

1910년 한일 강제병합으로 나라를 잃자 조국의 독립을 위해 일어섰고, 독립운동의 무대이자 지원세력이 되었다. 이토 히로부미를 저격한 안중근 의사, 연해주 항일운동의 대부 최재형, 신흥학교 설립자 이동녕, 항일무장 투쟁의 영웅 홍범도, 대한제국 혁명가 이동휘, 국사학자 신채호 등 연해주에서 활약한 독립 민족운동가 등 다수의 민족지도자가 고려인 사회의 배경적 기반을 가지고 있다. 1919년 2월 우수리스크에서 고려인 지도자들과 내외 독립세력들은 3·1 운동 후 최초로 선포된 해외 망명정부이자 상하이 임시정부 모체인 "대한국민의회"를 출범시켰다. 러시아 혁명과 사회주의와의 연관이라는 이유로 그릇된 우익사학 사관이 주도하는 독립운동사에서 제대로 밝혀지지 못하고 규명 평가되지 못했지만 블라디보스톡의 신한촌(新韓村)은 항일운동과 독립투쟁의 본거지이자 구심점이었다.

▶ 고려인 지도자들의 모임

앞에서 언급하였듯이 러시아 한민족의 삶은 굴곡진 역사의 비사(悲史)이자 제대로 조명되지 못한 비사(秘史)이기도 하다. 사회주의 속의 역사라는 이유로 일제강점기 러시아에서 펼쳐진 독립운동 원조가 다른 지역에 비해 가려지고 주목 받지 못했다. 러시아 한인들은 연해주 개척, 시베리아횡단열차 건설 등 극동지역 개발에 피와 땀을 흘렸고, 독립운동에 희생적인 혁혁한 공을 세웠다.

▶ 신한촌 일대의 의용 독립군

■ 신한촌

일제강점기에 러시아 연해주의 블라디보스톡[海蔘威]에 자리 잡고 있던 한인집단 거주지. 일명 신개척리(新開拓里)라고도 한다. 1914년 제1차 세계대전 발발 이전까지는 국외독립운동의 중추 기지 구실을 하였다. 신한촌 내에는 최재형, 이상설 등이 참여한 권업회와 한민학교, 고려극장, 선봉신문사 등, 항일적인 성격의 민족단체들이 만들어졌으며, 이곳을 중심으로 한민족의 역사와 전통문화 보존을 위한 노력들이 행해졌다. 서북간도 및 연해주 한인사회를 배경으로 건설된 신한촌은 항일민족지사들의 집결지였고, 나아가 국외독립운동의 중추기지로 이곳에서 망명 의병 독립 활동했던 인물로는 이범윤(李範允), 홍범도(洪範圖), 유인석(柳麟錫), 이진룡(李鎭龍) 등의 의병장, 헤이그 특사인 이상설(李相卨), 이위종(李瑋鍾)을 비롯, 북간도 용정촌(龍井村)과 서간도 삼원포(三源浦)에서 민족주의교육을 실시하던 이동녕(李東寧), 국내에서 신민회(新民會)를 조직, 활동하던 안창호(安昌浩), 민족주의사학자 박은식(朴殷植)·신채호(申采浩), 기독교계의 이동휘(李東輝) 등이 있다. 1920년 4월에는 일본군들에 의한 잔인한 학살 만행이 자행되는 등의 슬픈 역사를 간직하고 있다. 신한촌은 1937년 고려인 중앙아시아 강제이주 이전까지 변함없이 극동지역의 항일운동 및 한인사회의 중심지 역할을 해나갔다.

▶ 1910년대 우수리스크 고려인 가족

## 3. 소비에트 극동의 조선인들

러시아 혁명의 영향으로 한인이 조직한 조선공당사에는 이르쿠츠크 고려공산당과 상하이 고려공산당 2개의 공산주의 정당이 존재한다. 이들은 서로 대립하면서 소련정부와 코민테른으로부터 정통성을 인정받고 지원을 얻고자 경쟁, 반목하면서 한인 독립투쟁 부대의 통수권을 둘러싸고 대립을 벌여 자유시 참변이라는 비극을 낳는 요인이 되었다. 이러한 파쟁은 초기 공산주의 운동뿐 아니라 민족해방운동 전체에 악영향을 미쳤다. 이르쿠츠크 고려공산당은 1919년 이르쿠츠크에서 김철훈 등이 중심이 되어 결성한 사회주의 단체이다. 정식명칭은 '전로 고려공산당'이다. 1918년 1월 이르쿠츠크 공산당 한인지부로 출발하여, 1919년 9월 '전로 한인공산당'으로 명칭을 바꾸었다가, 1920년 7월 다시 '전로 고려공산당'으로 개칭했다. 지도부로

▶ 독립유격대 훈련

는 고문에 러시아 볼셰비키 보리스 스미야스키, 위원장 김철훈, 군정부장 최고려, 오하묵, 비서장 이성 등의 활약으로 조선인 청년교육과 군사훈련에 중점을 두며 기관지 《경세종》을 발행했다. 1921년 상하이에 지부를 설치, 김만겸, 여운형, 조동호 등이 위원으로 활동했고, 고려공산청년동맹을 결성, 박헌영, 김단야, 임원근 등이 청년동맹의 주요 간부로 일했다.

상하이 고려공산당은 1921년 중국 상하이에서 이동휘를 중심으로 결성된 사회주의 단체이다. 이동휘가 한인사회당을 모체로 조직한 것이다. 이르쿠츠크에 있는 고려공산당과 구별, 상하이 고려공산당이라고 부른다. 당시 상해 임시정부는 이동휘가 한인사회당 당수로서 국무총리에 취임함으로써 민족, 사회주의 세력의 연합정부 형태를 띠었다. 이동휘, 김립, 박진순, 이한영 등을 주요인물로 가진 상

▶ 대한국민의회 지지 러시아파 고려공산당 지도부

하이 고려공산당은 코민테른 극동국 서기 보이틴스키와 밀접한 관련을 가지면서, 중국, 일본의 사회주의자 및 국내의 장덕수, 최팔용 등과도 연계를 맺고 있었다. 조선공산당의 배경에는 러시아 조선인 엘리트들이 러시아혁명의 영향을 받아 혁명적 항일 해방 독립운동과 투쟁을 전개하자 소련의 아시아 지역 공산화 계획의 일환으로 적극적으로 조직화 하면서 태동되었다. 소련 공산당이 1920년대 조선 공산주의자들의 해방운동을 지원하고 영향을 주었다. 그렇기 때문에 한인 독립운동사의 세력화와 조직은 조선인 사회주의 엘리트들이 중심이 되었고, 독립운동사가 좌익운동사로 연결되는 것이다. 1920년대 조선공산주의자들은 계급투쟁 보다 민족 해방 독립 투쟁에 몰입하였다. 독립운동의 근간이자 원조이고 중심세력 이었던 러시아 조선인들의 애국역사가 제대로 조명되지 못하고 연해주를 무대로 시대에 저항했던 조선의 청년들에 대해 변방 사대 우익세력의 배척적 비판을 받고 있는 것은 고려인 150년 이주역사의 왜곡이다.

▶ 조선의 청년사회주의자들 왼쪽 둘째부터 김단야, 박헌영 양명 뒷줄 오른쪽 첫째 호치민 베트남 혁명영웅 1929년 모스크바 국제레닌학교(공산청년대학)

제5장

# 고려인의 강제이주

1. 스탈린 고려인 집단 강제이주 정책과 실상
2. 강제 디아스포라의 정착
3. 고려인 강제이주의 민족사적 규명

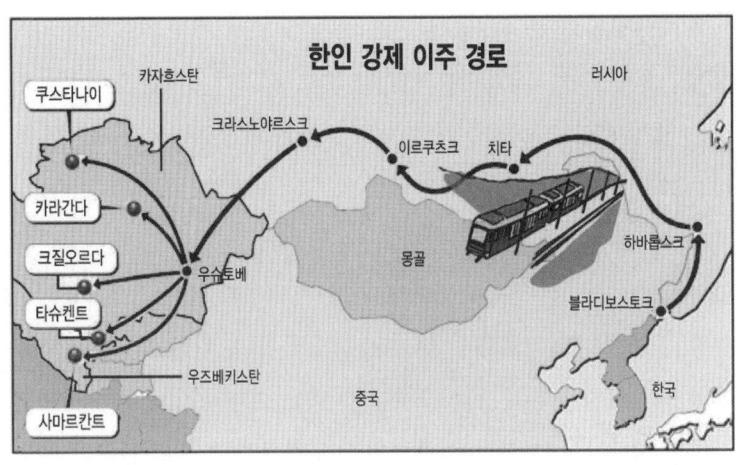

## 1. 스탈린 고려인 집단 강제이주 정책과 실상

### 가) 이주정책의 배경

 2005년 조사에 따르면 러시아와 독립국가연합에는 532,697명의 고려인이 거주하였다. 19세기 중반부터 시작된 러시아 땅 조선 민족의 운명은 순탄하지 않았다. 러시아는 조선인에게 있어 어려운 시대에 보호하고 받아들인 국가이기도 했지만, 차르체제와 소비에트의 민족정책 실시 과정에서 조선민족에게 명백한 사회적 곤경과 수난을 체험하게 한 국가이다. 조선인은 소련의 소수 민족정책에 따라 20~40년대에 강제 이주에 처해진 최초의 민족들 가운데 포함되었다. 그런 까닭에 이 문제는 소비에트 역사학에 있어 오랫동안 접근이 어려웠고 규명자체가 터부시되어 왔다.

극비사항으로 분류되었던 민족 문제가 연구 대상으로 논의되기 시작한 것은 겨우 1990년대 들어서였다. 러시아고려인 민족문제는 점점 많은 관심을 모으게 되었고, 이것을 구체적으로 다루기 시작한 것은 소련연방 말기 내무인민위원부, 국가보안인민위원부, 내무성, 국가보안성과 조선인을 포함한 모든 민족의 이주 사건을 취급하고 있던 소련연방, 러시아 소비에트 연방 사회주의 공화국 및 그 밖의 연방 구성 공화국 각료회의 부설 이민국에 있던, 이전에는 접근할 수 없었던 자료가 부분적으로 공개된 것이다. 그러나 지금까지 발표된 문헌의 형태로는 조선인의 강제이주 문제가 충분하게 연구되지 않았고 문제의 많은 측면이 아직 밝혀지지 않았다. 이 글은 그 공백을 메우려는 시도이다.

1860년 11월 러시아-청나라간에 북경조약이 체결되고 그에 따라 모든 법령이 제정된 뒤에, 러시아 영토 28개 마을에 5천3백10명의 조선인 이민(7백61가족)이 정주하고 있었다. 1921년에는 이미 2만1백9명의 러시아 국적 소유 조선인과 4만4천2백명의 거류민(러시아에 체류하는 조선인), 도합 6만4천3백9명이 있었다. 러시아로 넘어가는 조선인 유입은 계속되었다. 1920년대 중반까지 조선인 주민 수는 이미 12만~13만명이 되었다. 1937년 소련연방 인구조사 자료의 소련민족 구성 일람에는 조선인이 16만8천2백59명으로 집계되어 있다. 극동에서 조선인 주민이 집중된 주요 지구는 포시에트, 스찬, 스이훈 등이었다.

▶ 블라디보스톡역에서 이주열차를 기다리는 고려인들

1930년대에 '스탈린 민족 정책'이라고 하는 새로운 규정에 입각한 소련의 이민정책은 국가의 행정 명령 기관에 의해 구체적인 방향이 결정되었다. 그 과정에서 극동지역에 사는 소련 조선인, 중국인을 포함한 러시아 모든 민족의 상호관계 정책들이 포괄적으로 수립 진행되었으며, 1935년 소련공산당의 이데올로기 민족 문제 해결 완료 선언 후 1937년부터는 민족 통합을 실시하는 방침이 결정되었다.

그러나 30년대 후반에 전개된 모든 사건, 특히 민족 강제이주를 확대하는 조처는 민족 정책의 수행에 관한 방침과 실천적 현실과의 불일치를 명백히 증명하는 것이었다. 인텔리겐차와 군대에 몰아친

1930년대 후반의 탄압은 많은 민족의 강제이주와 결합된 새로운 과정으로 연결되었으며, 그 안에는 1930년대 말 조선인의 그것도 포함되어 있었다. 이 같은 반헌법적·반인도적 조처의 법적 근거는 변경 지역에서 스파이 행위, 기존 권력 체제와 국방의 기반을 파괴하는 행위가 크게 늘었다는 것에 기초를 두고 있었다. 이 모든 일에는 위험분자 감시와 폭로, 경계심 강화, 의심분자의 비밀 조사 등의 추가 조처도 병행되고 있었다. 한마디로 말해 전체주의적 권력체제 특유의 전형적인 수단을 동원한 것이었다.

이러한 방식은 1936년~1937년 극동의 여러 지구에서 실행 수단으로 활용되었다. 당시 사회의 정치 정세를 특징짓는 요소로 지역 범죄 사정도 빠지지 않았다. 범죄 사정은 혼란한 정세 속에서. 전쟁 전후의 긴박한 상태로 표출되었으며, 특히 적군(赤軍) 탈영이나 징병 기피 같은 현상이 주요 요소였다. 당시에 러시아 전역에 7천1백61개파의 범죄 조직이 활동하고 있었던 것으로 통계되어 있었는데 이 중 시베리아와 극동의 연해주, 하바로프스크 지역에 1천5백76개파가 분포되어 있는 것으로 나타났다.[36]

탈법 그룹의 범죄 행위와의 싸움에 관해서, 소련 내무인민위원부가 작성한 조사 자료(1944년 9월)에 따르면 1941년 후반 시베리아

---

36. 아히프Archives자료:시월혁명국립중앙아히프 러시아 근대사 자료보존연구센터 러시아 연방 공화국립중앙아히프

와 극동의 징병자 중 적군으로부터 탈주한 병사는 3천1백1명, 1943년에는 1만6백81명으로 증가하였으며 1941년 후반~1944년 전반 3년 동안 그 수는 2만9천92명과 2만5천1백68명, 도합 5만4천2백60명 이었다.[37] 이처럼 범죄가 폭증한 현상은 조선민족이 강제이주를 당한 1937년 이후에 집중되었기 때문에 극동에서 모든 민족을 추방하는 것을 합리화 하는 이유가 되기에는 충분하지 않다. 조선인의 추방은 그들이 일본을 위해 스파이 행위를 전개할 기반이 된다고 간주되고 소련·일본 간에 전쟁이 발발하면 그들이 일본군 측에 들지도 모른다는 점을 우려해 조선인을 그 지역으로부터 끌어내는 예방적 성격을 띤 것이었다. 이주 조치는 국가 보호, 국경 방어 강화 필요성 등의 슬로건 아래 실시되었다. 이 방향으로 선전이 강화되고 국민 의식을 위해 각각의 민족과 주민 그룹에 대해 정부가 계획한 행위의 정당성을 믿도록 만들어 갔다.

일본이 소련에 관한 정보를 얻기 위해 러시아 거주 조선민족에 대해 여러 가지 수단을 동원하는 시도가 있었던 것은 사실이다. 이러한 사실을 확인할 수 있는 것은 일본군 관동군 사령관과 참모부 요원들의 소련에 관한 정보 수집 증언에서 알 수 있다. 그 내용을 보면 소비에트 국가 체제는 다른 국가 체제와는 근본적으로 차이가 있고 소련에 이수해 살고 있는 일본인이 없기 때문에 이와 같은 상황에서 일

---

37. 아히프Archives자료:시월혁명국립중앙아히프 러시아 근대사 자료보존연구센터 러시아 연방공화국립중앙아히프

본군 첩보기관은 조선인을 활용하는 정책을 갖고 있다고 적고 있다. 그렇지만 그것이 조선인 주민을 모조리 그 방책에 활용했음을 의미하는 것은 아니었다.

1937년 후반, 지방권력기관, 특히 내무인민위원부 극동지방관리국으로부터 극동에서 트로츠키스트[38] 일본 스파이의 반정부 활동으로 반혁명적 선동이나 파괴 활동이 자행되고 있음에도 국가권력 행정기관의 대응과 통제가 제대로 이루어지지 못하고 있다는 메모와 보고서들이 중앙정부로 올라가자 소련 당국은 사회주의적인 스파이의 위험을 제거하라는 지시와 훈령을 모든 단위의 행정기관에 하달하였다. 조선인 인텔리겐차를 포함해 조선인 사회 지도자, 종교인 그리고 이전에 탄압 받지 않았던 공산당 인텔리겐차와 무신론자도 처벌을 받았다. 이 비타협적인 계급 투쟁의 깃발 아래에서 과거 청산 잔재청소라는 이름으로 1세대를 넘게 쌓아 온 러시아 조선인들의 물질적 정신적 가치가 파괴되기 시작했다.

1937년 블라디보스톡, 하바로프스크 조선인 주민의 주된 거주지대의 중심지에서 행해진 당조직의 회의의사록은 국가에의 배반, 반

---

38. 트로츠키는 러시아의 정치가 · 혁명가. 제1차 대전 중 유럽의 각지를 전전하고 취후에 미국에 망명, 1917년 2월 혁명 후 귀국하여 볼세비키와 멘셰비키의 중간파 지도자가 되었다. 1924년 혁명 군사 회의 의장을 역임하고 적군(赤軍) 건설을 주도하여 레닌의 후계자로 지목(指目)되었으나, 스탈린과의 세력 다툼의 패배하여 반소 · 반 코민테른 활동을 전개하다가 멕시코에서 암살되었다. 1935~1938년 소련의 모스크바에서 행해진 트로츠키파에 대한 숙청 재판으로 트로츠키스트는 완전 제거 되었다.

역, 스파이 행위 등에 대한 고발문과 조사 자료로 가득 찼다. 이들 문서에 표기된 국가의 배반자 중에는 조선인과 더불어 중국인, 러시아인도 포함되어 있었다. 소련당국은 인민의 적인 일본과 독일의 앞잡이, 트로츠키스트, 스파이, 파괴분자들이 반혁명적 선동, 파괴적 반정부적 행동을 주도하고 있으며 이 중심에 조선인과 중국인들의 대표들이 포함되어 있다는 것이었다. 중앙국가기관은 항상 전투준비 상태였다. 1937년 4월 23일 자 "프라우다"지에는 극동에 있어서의 외국 스파이 행위에 관한 장문의 논설이 실렸다. 그것은 사실상 소련 정부의 공식 견해였다. 이 논설에는 일본 비밀기관이 소비에트 극동 영역에 자리를 잡고 있는 많은 중국인과 조선인 앞잡이를 보내고 있다며 조선인 거주 지역은 일본 첩보부의 활동전개에 적합한 환경이기 때문에 이를 뿌리뽑을 조치가 필요하다고 쓰고 있다.

1937년 8월 소련인민위원부 극동부장관 정치대장 류시코프는 스탈린이 조선인을 신용하고 있지 않고 일본이 소비에트 영토에 조선인을 앞잡이로 계속 보낼 것으로 생각하고 있다는 사실을 밝혀 조선인 강제이주 계획이 준비되고 있음을 암시하였다. 당시 일본군 문서에 의하면 이 시기에 소련 중앙기관 내무인민위원부 관료들에 의해 법령이 준비되고 공산당 극동지방위원회 주위원회의에서 이 법령이 비준되었는데 여기서 만들어진 것이 바로 스탈린의 강제이주 결정서였다.

■ 새롭게 제기 되는 고려인 강제이주의 또 다른 원인

강제이주의 원인을 소련의 명령서에는 극동 지역에서 조선인 일본 첩자활동 방지를 들고 있지만 배경적으로는 다른 사실과 논점이 있다. 구 소련이 다민족국가이자 민족국가 연방체로서 15개의 가맹공화국 외에 인구 100만 이하의 민족집단 자치공화국과 자치주로 구성되어 이런 복잡한 구조를 소비에트연방으로 통합하려는 정치적 목표에서 새로운 민족이 한 지역에 응집력으로 자치주 또는 자치공화국을 형성하는 기도를 차단하고자 하는 소수민족정책을 갖고 있었다. 소련당국은 연해주의 고려인들이 이런 지향성을 갖는 단위로 인식하였다. 이렇게 분석하는 이유는 사전에 한인 지식인과 민족주의 지도자들을 제거해 버리고 중앙아시아의 여러 공화국에 분산 배치한 것과 관계가 있다고 보기 때문이다.

▶ 중앙아시아 강제이주 2년 즈음 지어진 주택

▶ 중앙시아 강제이주 초기 기거 지역

반인륜적이고 비합법적으로 국가권력이 자행한 고려인 중앙아시아 강제이주 정책에 대해 1993년 러시아연방 최고회의는 러시아 고려인의 명예 회복에 관한 법률을 제정하고 강제이주의 탄압이 불법적이고 범죄였음을 인정하는 결의를 함으로서 기구하고 한많은 이주 역사의 오명을 씻고 신원을 회복하게 되었다.

### 나) 강제이주 실상

1937년 9월 28일 이주결정서에 따라 조선인 첫 그룹의 이주가 시작되었다. 조선인 주민부터 특정 지방에서 청소되어 갔다. 일제와 관계되고 있다는 혐의를 받고 있었던 위험분자로 분류된 1만1천8백7

명이 화물수송열차에 태워져 국경 지구를 떠나갔다. 계속해서 이주에 관한 새로운 조처가 취해지면서 조선인들을 다른 지역으로 완전히 퇴거시키는 소련정부의 결정이 내려졌다. 소련 인민위원회의의 모든 결정의 채택은 일시적인 것은 아니었다. 조선인 주민 이주조치 시행은 내무인민위원부 극동지방관리국에서 책임졌지만 공산당지방위원회도 이 시기 조선인과 중국인을 해당 지방 여러 지구로부터 이주시키는 문제에 대해 많은 결정을 채택했다.

▶ 화물열차에 실려가는 고려인들

공산당지방위원회, 지방집행위원회, 내무인민위원부 관리국 등 당 기관과 소비에트 권력기관이 중심이 되어 강제이주를 실행한 것이었다. 조선인을 실을 수송 열차의 출발 일시 장소에 대해서 다음과 같이 지시가 내려 졌다. 스미토비츠 지구의 이주 대상 조선인들은 이 역에서 9월 28일, 콤소몰리스크 시는 베토카하 바로프스크 부두에서 10월 1일 출발시키는 지침이 내려졌다. 1937년 9월 29일 연해주에 살고 있던 조선인의 이주에 관해 지방위원회, 지방집행위원회 전권위원의 세부적인 결정이 나왔다.

1937년 9월 스바츠크, 포시에트, 크로테코보, 보로시로프, 호메리니츠카야 마을, 유다야인 자치주의 모든 지구에서 조선인 주민이 감소했다. 이 지역에서 첫 수송 열차로 조선인 7만4천5백명이 보내졌다. 긴급하게 진행된 조선인 이주에서 수송열차의 준비가 제대로 되지 않아 수송열차의 지체가 발생하자 이로 인한 소요사태를 우려하여 공산당 극동지방위원회는 철도수송기관과 지구 집행위원회에 계획된 이주 일정에 차질이 발생할 경우 엄격한 당의 처벌을 내린다는 방침을 하달하고 강력하게 통제 관리를 하였다. 1937년 9월 30일 극동철도장관과 정치부장에게 제1지구에서 제2지구로 하루 동안 25열차 이상, 제2지구에서 제3지구로 하루에 20열차 이상 보내라는 명령이 내려졌다. 모든 화물열차가 조선인 퇴거에 동원되었다.

1937년 9월 28일 소련인민위원회의는 결의 No. 1697-377 cc (극비)『극동 지방 영역에서 조선인 퇴거에 대하여』를 채택하고, 그에 따라 조선인 이주에 관한 권력 기관의 활동이 구체화 되었다. 이주자 수도 증가하기 시작했고, 이주될 지구의 경계도 넓어졌다. '극비'도장이 찍힌 공문서 번호 1648-378『조선인 수송 열차의 편성을 위한 군용 예비 주방, 스토브의 차용에 대해서』라는 소련인민위원회의 문서에서 조선인은 1937년 10월에 극동에서 중앙아시아로 60대의 수송 열차로 보내졌으며 여기에 군용 주방과 3만1천개의 스토브가 필요했다고 되어 있다. 소요예산은 1937년 10월 7일 소련인민위원회의의 새 결의 No. 1772-388 '극비'『극동에서의 조선인 제2진 이주에 관한 비용의 견적에 대하여』에 나타나 있다.

극동 지방에서 2만1천 조선인 이주에 따른 경작 보상으로 소련인민위원회의의 예비 기금에서 1억2천6백만루블을 지출하고 극동관구에서 천3백만루블, 우즈베크 소비에트 사회주의 공화국에서 2천7백만루블, 카자흐 소비에트 사회주의 공화국에서 3천6백만루블의 이주비용이 계상되었으며 이주되는 가족 구성원은 모두 똑같이 하루 6루블이 책정되었다. 극동지방 조선인 이주에 관한 국가 지출 총액은 대략 1억9천만루블이 되었다. 제2단계로 블라디보스톡, 오고리나야, 크라스킨, 프링트-몽골 자치공화국, 하바로프스크 지방, 치타 주의 잔류 조선인들이 카자흐, 키르기스, 우즈베크 공화국으로 사라져갔다. 시차를 두고 연해주와 시베리아주의 조선인 주민이 청소되어 갔으며 중국인이나 위험분자로 분류된 러시아인·우크라이나인의 청소도 병행 되었다. 이주의 결과는 내무인민위원부 극동지방 관리국장관 류시코프가 총괄하여 소련내무인민위원이자 국가보안위원회 위원장 예조프에게 보고되었다.

예조프는 소련인민위원회의 의장(내각 수상) 몰로토프에게 다음과 같이 조선인 강제이주 미션이 성공적으로 진행되어 가고 있음을 극비문서로 보고하였다. 1) 1937년 10월 25일 극동으로부터 조선인 퇴거가 완료됨. 2) 총 3만6천4백42가족 17만1천7백81명의 조선인이 열차 1백24대로 이주 됨. 3) 극동, 캄차카, 오호츠크를 모두 합쳐 7백명 이하의 특별 이주자들은 11월 1일까지 단체 수송 열차로 반출될 것임. 4) 이주시킨 조선인은 우즈베크 소비에트 사회주의 공화국에 1만6천2백72가족 7만6천5백25명, 카자흐 소비에트 사회주의 공화국에 2만1백70가족 9만5천2백56명이 배당되었음. 5) 목적지에 도착해 화물을 하역한 열차는 76대이며, 48대는 아직 운행 중임. 이 보고서에 의 하면 1937년 9월부터 시작된 조선인의 이주는 11월 초에도 여전히 계속되고 있었음을 알 수 있다. 운수인민위원부의 수송 작전에도 불구하고 최종 예정지인 카자흐, 우즈베크 소비에트 사회주의 공화국 인민위원회의 준비 부족으로 하역 장소가 변경되고 분산되는 등 차질이 발생하였으며 거주 시설, 이주자의 배치, 삶의 터전 등이 전혀 마련되지 않은 상태였다.

조선인 이주 업무는 엄격하고 가차없는 방식으로 진행되었다. 마을과 사회에서의 친분은 누구에게도 인정되지 않았다. 무저항의 대가로 이주자에게는 가족당 3백70루블과 새로운 거주지에서 납세 면제가 약속되었다. 그러나 교사, 언론인, 의료 종사자 등 조선인 인텔리겐차들에게는 임금 지급이 지연되었고, 조선어 교육시설과 신문 발행 및 인쇄소 관련 비용은 청산되지 못하였다. 전반적으로 이주자의 생활 보장 문제는 아무런 대책이 없었다. 조선인 이주자들의 체력과 건강은 극도로 열악한 화물차에서 만 한 달에 걸친 이동으로 현저히 손상되고 희생자들이 늘어났다. 이주자들의 회상기에는 고립무원의 상태로 극히 곤란한 조건 아래에서 불충분한 식사, 물과 의료 서비스의 부족, 병마와 싸우는 비인간적인 대우 속에 생존을 위한 몸부림이었다고 쎠어있다. 예방적 고발에 따라 살고 있던 땅을 버리고 믿을 수 없을 정도의 궁핍과 핍박으로 극한적 상황에 직면하게 된 사람들의 비극적 운명이었다. 1937년 11월 초 남아 있던 조선인 시민 7백명이 서둘러 강제 이주 되었고, 2천5백명의 조선인들이 체포되었다.

소련 내 조선인 주민에 관한 강제이주정책에 대해 1937년 11월 13일 모스크바의 일본대사관은 항의를 표명했다. 극동에서 일본의 첩보 활동이 곤란하게 되었기 때문이었다. 조선인 주민의 퇴거는 극동지방에서 중요한 역할을 하고 있던 민족 지구 소비에트가 축소되거나 폐지되는 영향을 끼쳤다. 연해주에서 조선인들이 떠남에 따라 비워진 주택과 토지, 건물과 거리는 공산당 연해주위원회, 주(州)집행위원회가 나서서 러시아 민족 중심으로 재 조직할 계획을 수립하였지만 새로운 인구 유입이 제대로 이루어지지 못하여 이곳의 모든 지방기관의 활동에 있어서 주요한 과제로 되어 있었다. 어느 곳에서나 노동력부족이 현저하게 나타났다.

공산당 극동지방위원회는 1937년 12월 적군(赤軍) 소프호즈를 조직하고 러시아연방 서부 지구로부터 온 이주자, 재향군인들에게 필요한 이주자금, 정주자용 주택 수리, 건축 자재 배분의 특혜를 제공하여 조선인이 살던 소프호즈, 콜호즈[39]에 보내는 복원대책을 세웠다. 1937년 말 겨우 적군 병사 30 가족이 이주되었다. 1937-1938년 극동지방집행위원회는 조선인이 남긴 주거 처리문제에 대해 소련인민위원회의 허락을 받아 조선인의 주택용 건조물을 적군 병사에 양도할 것을 허가하였지만 조선인이 떠난 콜호즈는 존폐위기의 상황에 처하였다.

공산당 극동위원회 극비문서에는 조선인이 떠난 지구의 주요 문제 중 하나였던 콜호즈에 남은 조선인 재산과 파종지의 매각도 결정되었고 조선인이 놓고 간 많은 것 중에는 자동차 1백50대, 농업 기계설비 1백세트, 말 2천6백24마리 등이 있다고 기재되어 있었다. 1938년 5월 25일자 극동지방 집행위원회 지령 No. 0178 극비문서에 따르면 이주한 조선인 주민과 콜호즈가 남긴 모든 건물, 비품은 지역고시가격으로, 건물은 보험 평가액으로, 콜호즈의 재산은 대차대조표의 가격으로, 파종지의 수확물은 곡물 조사 가격으로 지방집행위원회와 시 소비에트가 반드시 매각하지 않으면 안된다고 되어 있었다.

이 극비문서에는 한민족 강제이주사 연구에서 제대로 밝혀지지 않은 조선인 이주자의 수송 비용에 관한 조항이 발견되었다. 국가에 의해 수행된 조선인 수민 이수 정책에서 소선인 자신이 그 비용을 보

---

39. 소련의 농업생산협동조합, 집단농장, 공영농장 소프호스와 더불어 소련의 2대 농업경영 형태의 하나였다. 1979년 당시 콜호즈의 수는 2만 6400, 농민수는 1390만 명이었으며, 소련 전 농지의 23.8 %를 경영하였다.

전(補塡)하지 않으면 안되었던 것이다. 이주에 지출되는 1억9천만루블 그 모두를 결과적으로 반환하지 않으면 안되었다는 것을 알 수 있다. 지령의 제2항은 다음과 같이 씌어있다. "조선인 콜호즈나 개인농이 남긴 재산이나 파종지 수확물의 판매로 얻은 모든 금액은 지방 소비에트 재정부 특별계좌에 입금해 조선인 주민의 이주 비용 지불에 배당된 유상 대금의 보전으로써 소련연방 국가 예산의 자금에 옮겨지는 것으로 한다. 1938년 5월까지 이들 재산이 완전히 매각되지 않은 경우에는 연방인민위원회의가 조선인 주민이 남긴 재산의 지불에 배당된 대금으로 보전하고 지방집행위원회가 조선인 콜호즈가 발행한 채권을 지구나 주예산의 기금으로 매각한다"라고 되어 있었다.

우즈베크 공화국 인민위원회의가 1938년 6월 소련연방 인민위원회의 앞으로 보낸 극비보고서에 나타난 조선인 이주자들이 극동지방에 남긴 콜호즈 파종지 및 주택 부속지의 파종지 미수확 금액 3백92만2천6백루블 상당과 개인 주택 7만6천8백루블에 대한 청산은 오늘날에 이르기까지 행하여지지 않고 있다. 조선인 콜호즈가 수령해야 할 4백만1천4백루블은 극동 지방에서 묶여 있다. 이와 같은 사태로 인해 새로운 이주 땅에서 정착할 자금은 없었다. 이러한 상황은 1938년 7월 17일자 우즈베크 공화국 인민위원회의 결의 No. 404-1353에 언급되고 있다.

## 다) 조선인 특별강제이주

조선인 소개정책은 1937년 10월 말-11월 초의 강제이주 조치로서 완료되지는 않았다. 중단되기도 하면서 1946년까지 진행되었다. 1차 세계대전 중인 1941년에 조선인 특별 이주자는 알타이 지방 여러 지구에 걸쳐 분산 거주하도록 이주시켰다. 1941년 6월 21일의 계엄령과 1941년 7월 4일 소련 내무인민위원부 지령서 No. 238-181에 의해 사회적으로 위험하다고 인정된 인물들을 행정 처분으로 추방할 것이 명령되어 있었는데 이 안에도 조선인이 포함되어 있었다. 1941년 12월 말에 아스토프하니에서 아쿠모린스크 주에 특별이주자가 도착했는데 여기에도 조선인이 1천8백33명 있었다. 카자흐 공화국 내무인민위원부의 1945년 자료에 따르면 공화국의 14주에 9만 5천5백26명의 조선인이 거주하고 있었고 우즈베크 공화국 내무인민위원부가 소련 내무인민위원부에 보낸 전보에는 극동 지방에서 이주한 조선인이 타슈켄트 주에 7천8백61가족 8만7천3백21명, 사마르칸드 주에 1천9백40가족 9천1백47명, 헤루가나 주에 8백 23가족 8천2백14명, 나마칸 주에 2백43가족 9백72명, 스루한다리야 주에 8가족 29명, 호레즈무 주에 1천1백97가족 5천7백99명, 카라카루바크에 2천9백93가족 1만2천8백31명이 분포되어 있는 것으로 보고되었다.

1948년 소련 내무인민위원회 특별이주부 보고는 카자흐·키르기스·우즈베크 소비에트 사회주의 공화국에 살고 있는 모든 조선인은 경제면에서 안정을 찾았고 자체 콜호즈와 가옥, 가축, 농구를 보유

새 이주지에 정착화 되어가고 있다고 씌어있다. 이 보고서에서 주목 되는 부분은 소련 내무인민위원부 수뇌부가 '조선인들은 탄압을 받아서가 아니라 일본과의 국경 인접 지구에 있는 불순분자를 제거할 목적으로 예방 조처로서 이주된 것이었다.'라고 강제이주 배경을 설명하고 조선인을 특별이주자라고 성격 규정을 한 점이다.

1945년 7월 2일 소련 내무인민위원부는 특별이주 대상으로 러시아연방의 모든 곳에서 이주되지 않고 남은 모든 조선인을 카자흐스탄과 중앙아시아의 여러 지구에 추가 이주시키는 명령을 내렸다. 1939년에 2천3백71명, 1940년에 2천8백명, 1941년에 2천4백8명, 1942-1947년에 2천4백3명의 조선인 죄수들이 특별한 방법으로 이주되었다. 1940년대 후반에는 모스크바주의 공업기업에서 일하고 있던 조선인과 노동수용소에 있던 조선인에게까지 확대되었고 1945년 9월 중순부터 10월에 걸쳐 모스크바에서 25명의 조선인이 강제적 방법으로 동쪽으로 이송되었다. 1945년에 우프라 노동수용소에서 강제노동에 종사하던 조선인 1천5백명이 서둘러 이주되었다.

1948년-1949년 국제정세가 냉전화 되고 긴장되면서 소비에트연방에서는 스탈린 탄압의 새로운 물결이 일어났다. 이러한 상황은 강제 이주된 민족들의 억압으로 이어졌다. 특별 이주자로 간주된 조선인들에게는 평등의 기회가 박탈되었다. 소련 내무인민위원부 특별이주부가 조선인 이주가 탄압으로서가 아니라 일본과의 국경 근접 지구의 불순분자를 제거할 목적의 예방 조처였다는 것이 사실이라면

감시 통제 대상의 특별이주자로 조선인을 규정한 것은 크게 잘못된 것이다. 카자흐스탄, 키르기스스탄, 우즈베키스탄 소비에트 사회주의 공화국이 모든 조선인이 새로운 이주지에 성공적으로 정착했다는 공식적인 보고가 되었음에도 불구하고 '특별 이주자' 위치로 분류한 소련 당국의 처사는 부당하였다.

1949년 9월 소련내무성 특별부의 조선인 이주에 관한 보고서에는 '조선인은 특별 이주자 리스트에 들어있지 않지만, 단지 신분증을 통해 5년 동안 거주지를 이주된 지역으로 제한되는 일이 행하여졌다'라고 언급하였다. 결과적으로는 특별이주자로 관리되었던 것이다. 조선인이 공화국 안에서 자의적으로 이동하는 것을 제한 금지하는 엄격한 제도를 시행 하였다. 조선인 거주 제도는 실제로는 특별 이주자를 대상으로 한 정부기관의 훈령에 따라 규정된 것이나 마찬가지였다. 조선인에게는 극동 지방에 거주하는 것이 금지되었다.

소련 내무인민위원부와 조선인이 강제 이주되었던 모든 공화국의 내무인민위원부 간에 오고 간 문서를 분석해 보면 30년대부터 50년대에 걸쳐 소련 지도부의 뜻에 따라 강제 이주된 통상의 특별 이주자에 대한 것과 같은 법규가 조선인에 대해서도 확대 적용되고 있었다. 조선인이 이전의 거수지로 귀환하는 문제는 그 현실성을 벗어나 금기되어 왔고 특별이주 규정과 연결된 전후의 고려인들 강제 이주사를 탐구하는 일은 아직까지 제대로 정리되지 못하고 있다.

## 2. 강제 디아스포라의 정착

### 가) 고난과 재생의 길

일제치하에서 조국의 독립을 위해 항일운동을 벌이던 고려인들은 일부의 첩자 때문에 일제의 앞잡이라는 누명을 쓰고 1937년 스탈린의 강제이주 정책에 의해 비극적으로 중앙아시아에 내던져졌다. 연해주 고려인 청소이었다. 세계 최초의 코리아 타운, 항일 독립운동의 성지, 학교를 세우고 모국의 역사 문화 언어를 지키며 해방을 노래하던 러시아 신개척리가 이렇게 마감되었다.

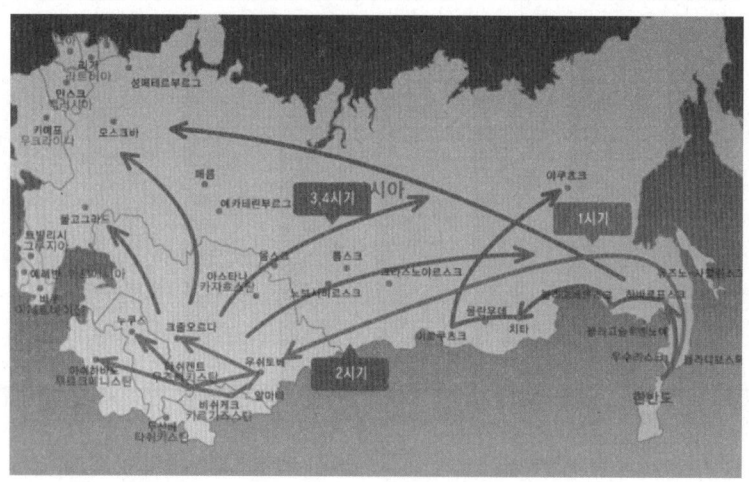

▶ 강제이주 경로

1937년 소련 정부는 군대를 동원해 9월부터 11월까지 고려인 18

만 명을 연해주에서 5천~6천㎞ 떨어진 중앙아시아 지역으로 강제이주를 시키었다. 강제이주에 앞서 스탈린 비밀경찰은 고려인 활동가 2천500여명을 체포·처형한 것으로 알려지고 있다. 영문도 모르고 갑작스런 통보로 끌려가듯 강제 이주 길에 나선 고려인들은 카자흐스탄, 우즈베키스탄, 키르기스스탄, 타지키스탄 이른바 중앙아시아 불모지 탄 이름 국가들 지대에 분산되어 내몰리었다. 아직도 명확한 통계나 사실기록은 없지만 이주과정에서 약 2만5천명의 고려인들이 죽어간 것으로 알려지고 있다.

소련 당국의 조선인 강제이주 방식은 폭악적이었다. 겨우 1주일 정도의 집합 통보 명령서로 집행하면서 행동을 강제하고 저항이나 문제 사정 제기는 폭력으로 차단하였다. 이 과정에서 이름 있는 작

▶ 고려인 희생자들에 대한 소련의 경례

가, 지식인, 민족주의 인사 등 지도자들이 희생되었다. 민족주의적 성향을 가진 지식인이나 지도자들에 대한 제거 작업을 병행하여 극도의 공포심과 무력감을 조성, 원천적으로 저항 불평, 불만, 토로를 봉쇄하였다. 떠나는 길은 난방도 화장실도 없는 화물을 싣는 화차(貨車)에 실려 갔다. 증언자들의 회고담에 의하면 이동 중에 절반이 죽었다는 주장도 있으나 적어도 20%는 살아남지 못한 것으로 추정되고 있다.

소련정부는 거주 기반이 전무한 이주 고려인들에게 국경 지역 이주 금지, 민족학교 및 모국어 교육 제한, 국가기관 취업제한, 군인 입대 제한, 정계진출 차단 등 봉쇄적 차별적 대우의 강제이주 정책을 펼치었다. 핍박을 당하며 토굴을 파고 황무지를 개척하여 의식주를 해결해야 하는 고려인들의 삶은 참담을 넘어 기근 질병 등과 싸우는 생존의 갈림길이었다.

고려인 강제이주 자료에 의하면 소련 당국은 가축 운반 열차에 고려인을 태워 한달 이상을 걸리어 중앙아시아 각지로 강제이주 시켰다. 이 과정에서 각종 질병과 사고로 노약자와 어린이는 물론 수많은 고려인들이 가족과 목숨을 잃었다. 죽은 시체들은 역에 설 때마다 소련 경찰들이 버렸는데 어디에 묻었는지 어떻게 처리했는지 알려주지도 않았다. 목적지라고 도착해서는 현지인 집의 창고나 축사 또는 헛간 등을 얻어 살기도 하고 그렇지 못한 사람들은 들판에 토굴을 파고 살았다. 고려인들이 도착한 곳은 중앙아시아의 초원지대 황무지였다. 작물도 자라지 않고 갈대만 무성한 〈깔밭〉이었다. 토굴을 파고 갈대와 나뭇가지를 이어 움막을 지어 고려인들은 첫 겨울을 보냈다.

중앙아시아에 속하는 구 소련의 공화국들에는 우즈베키스탄, 카자흐스탄, 키르기스스탄, 타지키스탄, 투르크메니스탄 등이 있다. 이 중에 고려인들은 우즈베키스탄과 카자흐스탄에 집중적으로 분포하고 있다. 그밖의 지역에는 소수의 고려인들만 거주하고 있다. 1937년 강제이주를 통해 중앙아시아에 도착한 고려인들은 17만 여명으로 이중 9만5천명 정도가 카자흐스탄에, 7만6천명 정도가 우즈베키스탄에 내려져 거주지역을 재배치 받았다. 고려인들은 이주 초기 생업위주의 벼농사와 잡곡, 채소 농사 등을 지었지만 국가 시책에 따라 면화재배 집단농장에 주로 동원 되었다. 중앙아시아에 벼농사와 쌀을 본격적으로 보급하게 된 것은 고려인들이었다.

고려인들이 농업기술과 생산력으로 두각을 나타나면서 집단농장의 책임자로 발탁되고 이들의 주도로 모범농장으로 발전하면서 최고훈장과 '노력영웅'의 칭호를 받는 고려인들이 생겨나기 시작 하였다. 그 대표적인 인물이 김병화(1905~1974)와 황만금(1921~1997)이다. 김병화는 '북극성' 명칭 콜호즈의 위원장을 맡아 이 콜호즈를 우즈벡의 대표적인 모범농장으로 발전시킨 인물로, 두 차례나 노력영웅 칭호를 받았으며, 우즈벡 공화국 공산당 중앙위원을 역임하는 등 정치적으로도 큰 활약을 했다. 황만금은 1953년 '폴리토젤' 콜호즈의 지도자로서 '폴리토젤'을 소련을 대표하는 콜호즈의 하나로 발전시켰다. 황만금도 '노력영웅' 칭호를 받았으며, 이들 외에도 많은 고려인들이 농업생산과 집단농장 경영에서 지도력을 발휘하였다.

구 소련 시대 집단농장에는 소포호즈라고 하는 국영농장과 콜호즈라고 하는 협동농장 두 가지가 있었다. 고려인들의 집단농장은 대부분 콜호즈였다. 콜호즈는 면적과 규모가 거대한 자치체를 이루고 있었다. 폴리토젤 콜호즈는 인구가 2만 2천명 정도에 이르는 규모로 콜호즈 안에는 유아원에서 고등학교에 이르는 교육기관과 극장, 영화관, 집회소 등 각종 문화시설, 체육관과 운동장, 병원과 탁아소 등 공동체가 필요로 하는 모든 시설이 잘 갖추어져 있었다. '폴리토젤' 콜호즈나 '김병화' 콜호즈는 이런 시설과 시스템이 잘 갖추어져 있어서, 80년대 말까지 외국사람들이 콜호즈를 방문하고자 할 때면 보여주는 단골 시찰지가 되어 있었다.

▶ 중앙아시아 면화 집단농장의 고려인 아낙들

고려인들은 중앙아시아에서의 초기 정착이 어느 정도 이루어지자 연해주 시절의 문화활동을 복원하는 일도 전개하였다. 연해주 시절의 〈선봉〉을 〈레닌의 기치〉〈고려일보〉로 제호 변경하여 발행을 이어가고 있다. 연해주 조선극장의 전통을 다시 살려 1964년에는 카자흐스탄 공화국의 허가를 받은 조선극장을 알마티에 재건하였다.

1991년 구소련 체제가 붕괴된 이후 고려인들의 삶에는 커다란 변화가 있었다. 연금 체제가 붕괴되고 시장경제체제에 적응하는 어려운 삶을 살 수밖에 없게 되었다. 고려인이라는 이중적 정체성 속에서 새로운 변화에 대한 기회를 찾아야 하기 때문이다. 고려인들은 새로운 적응과 도전을 시도하고 있다. 세월과 시대의 변화에 적극 대응하는 고려인들은 근대사의 굴곡을 헤쳐나온 한민족의 귀중한 자산이다.

### 나) 실크로드에 다시 선 까레이스키

처절한 이주 역경속에서 고려인은 좌절하지 않고 황무지를 개간하고 농업생산을 증대하며 근면한 민족으로 생존을 위한 치열한 노력을 통해 환영과 인정을 받는 정착을 이루어 나갔다. 1960년대까지 인구 30만 명의 중앙아시아 고려인 사회는 총 201명의 '노동 영웅'을 배출했다. 이는 민족 구성원 비율로 평가하여 최고의 소수민족 업적이자 발전이었다. 힘난한 시련과 도전을 넘어 성공적인 정착을 성취한 고려인들의 생활 양식과 반경도 향상되고 확대되기 시작하였다.

생업의 안정을 이룩한 고려인들이 제일 먼저 관심을 갖고 열성을 다한 것이 자녀교육이다. 이 교육의 힘으로 고려인들은 주류사회 각 분야로의 진출이 활발하게 전개되어 갔다.

▶ 집단농장을 일구는 고려인

생업도 주업 농사에서 상공업으로, 전문직인 과학자, 학자, 관료 법률가에서 정치, 경제, 문화, 사회 전 분야로 확산되어 갔다. 1989년에는 고려인의 도시 거주 비율이 85%에 달했다. 대학 진학률도 25%를 기록해 소련 내 140개 민족 중에 아르메니아인 다음으로 2위를 차지했다. 강제이주 직후 80%에 달하던 농업인구는 12%로 줄고 도시 거주 중산층이 증대하였다.

■ 고려인들의 소통과 문화

스탈린이 한국어를 소련의 소수민족 언어에서 제외시키고 한국학교를 폐지하며 한국어 교육을 중지시켰을 때 카자흐스탄으로 이주한 한인들은 신문 ≪레닌기치≫를 계속 간행하게 하였고, '조선극장'을 유지하게 하였다. 『레닌기치』는 구 소련 영내에서 간행되는 유일한 한글 일간지였다. 『레닌기치』는 정부와 당에서 지시하는 법령과 명령을 게재하고 이것을 설명하는 당기관지의 역할을 하였으나 한인들의 문학작품을 발표할 수 있었으며 전성기 때 60여 명의 직원과 발행부수도 1만 2000부에 달하였고 타슈켄트, 크질오르다, 두샨베, 프롤제 등지에 지사를 두었다.

페레스트로이카 이후 『레닌기치』는 『고려일보』로 개칭하고 내용면에서도 한인들이 강제 이주당한 이후에 힘들고 어려웠던 시절의 수기 등이 게재되는 등 폭로성 기사가 많아졌다. 그러나 한글을 아는 고려인들이 줄어들어 한글판이 축소되고 러시아어판을 증가시켰다.

카자흐 공화국의 알마티에 있는 조선극장의 기원은 1920년대의 강제이주 전 연해주 극동지역에서부터 시작되었다. 1937년 강제이주와 함께 해체된 것을 다시 복원하여 크질오르다로 옮겨졌다가 1942년에는 우쉬토베로 이선뇌었으며, 1959년 다시 크질오르다로 되돌아갔다가 1969년 중앙아시아 고려인 문화의 중심지인 알마티에 자리잡아 오늘에 이르고 있다.

이 극장에서는 창설 50주년인 1982년에 이르기까지 180편이 넘는 작품을 공연하였으며 이 극장에서 공연된 작품에는 재소한인들이 겪어 온 사회적·정치적 상황이 잘 드러나 있다.

▶ 알마티 조선극장 단원들과 공연

1938년에 공연된 태장춘의「행복한 사람들」에서는 중앙아시아로 이주된 뒤의 한인들의 삶이 묘사되어 있었고, 제2차 세계대전 기간과 1947년에 공연된「홍범도」에서는 항일투쟁이 부각되었다. 1920년대 볼셰비키 편에 선 연해주 고려인들의 활동과 갈등, 1957년 태장춘과 채용의「빨치산들」, 1962년 채용의「새벽」, 1963년 채용과 염사일의「잊을 수 없는 날들」, 1966년 맹동욱의「북으로 가는 길」등을 포함해「춘향전」·「심청전」·「양반전」·「흥부와 놀부」등의 고전도 공연되었다.

  조선극장은 고려인들이 많이 모여 살고 있는 집단농장이나 농촌을 순회하면서 1년에 250회 이상의 공연을 통해 강제이주의 힘든 생활을 위로하는 역할을 하였다. 조선극장은 마당의 횃불을 조명 삼아 연출자와 관중이 하나가 되어 서로 부둥켜안고 울었던 고려인들의 고통을 달래 주는 유일한 단체였다. 페레스트로이카 이후 중앙아시아의 여러 도시에 고려인협회와 고려인문화센터가 조직되어 고려인들의 역사 문화 예술이 확산되어 갔다.

  그러나 이러한 성장과정에서 고려인과 고려인 사회는 모국어를 상실하고 정체성은 점점 희미해져 갔다. 소련 정부가 러시아어와 러시아 문화를 강요한 덧에 현재 대부분의 고려인이 모국 문화, 역시, 언어를 잊어버렸다. 1991년 소비에트연방의 해체는 러시아어 사용의 고려인들에게 독립된 국가체제에 적응하는 언어적 문화적 혼란을 겪으면서 토착화 국민으로 가는 과제를 주고 있다.

현재 구 소련지역인 독립국가연합지역(Commonwealth of Independent States)에서 고려인들의 위상과 활약은 대단하다. 정계진출을 보면 러시아에서 1995년 하원에 유리 텐(한국명 정홍식), 발렌틴 최가 당선됐고 그 뒤를 2007년 류보미르 장, 2011년에는 육군 소장 출신의 유리 엄, 유리 텐의 아들 세르게이 텐이 하원의원에 선출돼 활약 중이다. 카자흐스탄에서는 고려인협회장인 로만 김과 빅토르 최가 하원에서 활약 중이며, 유리 최도 상원의원을 역임했다. 우즈베키스탄에서는 1994~2000년에 부총리를 역임한 빅토르 천, 상원의원을 역임한 베라 박 등이 있고 키르기스스탄에는 3선 의원인 로만 신이 있다.

경제계를 보면 러시아 부호 100위 안에 드는 보유재산 4억6천만 달러 은행가 이고리 김, 카자흐스탄에서 1만2천 명의 종업원을 거느린 '가스피스키 그룹'의 유리 채 회장, 세계적인 구리 생산업체 '카작무스'의 사주로 23억 달러의 재산가인 블라디미르 김, 최대 건설사인 '쿠아트'의 잠 올레그 사장 등이 있다.

문화·예술계에선 러시아의 전설적 록가수 빅토르 최와 공훈 예술가 칭호를 받은 중견 여성 대중 가수 아니타 최가 큰 인기를 누리고 있으며 언론계에선 러시아 최대 TV 방송 라시야(Russia)의 뉴스 프로그램 앵커를 맡고 있는 마리나 김이 있다. 스포츠에선 세계 피겨스케이팅 선수권대회 남자 싱글 프리스케이팅에서 준우승을 차지한 카자흐스탄의 피겨스타 데니스 텐은 2014년 러시아 소치 동계올

림픽 남자 피겨부문에서 메달이 기대되고 있다. 카자흐스탄의 경우 고려인협회 자료에 의하면 고려인이 차관급 이상 고위 관직에 올랐던 인물은 40여 명이 넘고 박사 학위를 받은 사람도 400명 이상이다.

주류사회에서 성공적으로 안착하여 안정된 대부분의 고려인과는 달리 빈민으로 추락하거나 새로운 터전을 찾아 아직도 독립국연합 국가들을 떠도는 고려인들이 상당수 있는 것으로 파악 되고 있다. 소련 붕괴 후 고려인의 유랑은 러시아 재 이주와 모국인 한국으로의 인력 진출로 이어졌지만 지금도 많은 고려인이 어려운 처지에 살고 있다. 독립 후 내전 민족분규 정정이 불안했던 키르기스스탄 타지키스탄 거주 고려인들이 그렇다. 독일 정부와 이스라엘 정부는 구 소련 동포에 대해 이질감 해소를 위한 문화 교육 지원과 보호 정책 및 프로그램으로 정체성과 동질성을 회복하는 모국의 역할과 더불어 교민들의 지위 향상을 위한 외교적 노력도 하고 있기 때문에 이들은 러시아나 독립연합국가들로부터 당당한 소수민족으로 위치하고 있다. 한국정부도 이러한 사례를 교훈 삼아 고려인들이 한민족으로의 정체성과 자긍심을 갖도록 지원정책을 수립 시행하여야 한다.

## 3. 고려인 강제이주의 민족사적 규명

### 가) 한민족 이주사의 최대 비극적 사건

고려인 강제이주사를 다루는데 있어 70년이 넘어선 현시점까지 아직도 정리되지 않은 논쟁을 민족사적 측면에서 규명하는 작업은 절실하다. 현재까지 정설로 되어 있는 강제이주결정 사유가 100명도 채 되지 않았던 조선인의 일본 스파이 활동가담 때문이었느냐 아니면 소련이 주장했던 예방차원의 행정적 조치에 의한 이주결정이 없었느냐 하는 점을 규명하는 일이다. 1937년 4월 23일자 소련정부 기관지 "프라우다"는 사설을 통하여 일본비밀첩보기관이 극동지역 소련영토에서 조선인과 중국인을 첩자로 이용하고 있으므로 이에 대한 대대적인 토벌조치가 필요하다고 주장하였다. 이 주장을 근거로 보면 조선인 스파이 활동이 강제이주의 단초적 원인이 되었다고 볼 수 있다.

그러나 1936년에서 37년 사이에 연해주지방에서는 스탈린 독재의 대대적인 숙청, 체포, 구금, 처형 등의 공포분위기가 조성되면서 조선족사회는 매우 조심스러운 자체적 통제구조를 형성하였다. 이러한 당시 상황은 집단 강제이주 결정의 이유로 제기된 조선인 일본 스파이 활동이 객관적으로 합당한 이유가 될 수 없음을 나타내고 있다. 연해주의 조선인 절대다수가 항일투쟁과 러시아 적군편에서 볼셰비키혁명투쟁에 참여한 사실만으로도 이를 반증한다.

이 당시 소련에 거주하고 있는 일본인이 전무한 관계로 일본관동군은 만주점령과정에서 활용 되었던 조선인 친일세력 구축작업을 연해주에서 시도하던 중 이러한 비밀계획이 생포된 첩자의 신문과정에서 밝혀짐으로써 스탈린을 자극하게 되었고 이것은 바로 연해주 조선인사회의 해체결정으로 이어지는 직접적 원인이 된 것이다. 일본의 폭압식민정책을 피해 러시아 연해주 땅을 찾은 다수의 조선인들은 일본의 침략정책 때문에 스탈린의 가혹하고 참혹한 탄압을 받게 되는 운명을 갖게 된 것이다.

1944년의 소련 내무인민위원회 자료에 의하면 조선인 강제이주 결정의 배경이 대략 세가지로 요약된다. 첫째 일본이 러시아 극동지역 침략전략으로 조선인을 이용하고자 하고 있으며, 둘째로 소련 일본간의 전쟁이 발생할 경우 상당수의 조선인들이 일본군에 협력할 가능성이 크며, 셋째로 이미 조선인 일본스파이가 활동하고 있다는 판단을 기준하였다. 실제로 모스크바 일본 대사관은 1937년 11월 13일 조선인 중앙아시아주에 대해 소련정부에 항의하였다.[40]

1946년 1월 일본관동군 사령부 참모장의 증언에 의하면 연해주의 조선인들이 중앙아시아로 이주하게 됨에 따라 첩보활동이 어렵게 되었으며 일본 이주민이 없는 소련에서 군사작전계획의 차질이 발생되었다고 하였다. 이러한 역사적 자료를 근거로 볼 때 극소수의 (정확

---

40. 이창주, 1920~30년대 러시아고려인, 모스크바대학, 1997

한 자료는 없지만 당시 연해주 고려인들의 증언에 의하면 약 30~40명 정도) 조선인 일본스파이들 때문에 조선인 강제이주 방침을 결정하였다는 것은 설득력이 없는 것이다. 이정도 규모는 충분하게 붉은 군대나 엔카웨데(KGB전신)에 의해 일망타진 될 수 있었기 때문이다. 따라서 조선인 강제이주 결정의 근본 원인은 위에서 언급한 첫째, 둘째의 이유가 더 크게 작용하였다고 결론 지을 수 있다.

그러면 여기서 다시 제기되는 것이 고려인의 강제이주가 특별거주제도에 의한 특별강제이주냐 아니면 특수환경에 의한 행정적 조치의 이주냐 하는 문제이다. 1945년 1월 11일 소련 내무인민위원회 특별이주담당부장 쿠스테초프가 카자흐공화국 내무인민위원장 보크타노프에 보낸 서류에 의하면 1937년 극동에서 이주된 조선인은 특별이주자가 아니고 일본 근접지구의 불순세력을 제거 할 목적으로 예방조치차원에서 이주된 것이라고 밝히고 있다. 그러나 이러한 공식적 발표는 다음의 이주과정과 조선인 탄압사례에서 사실이 아닌 실제적으로는 특별 강제추방 이주임이 드러나고 있다.

고려인 강제이주 문제를 총괄하였던 소련 보안위원회 위원장 예조프가 몰로트프 인민위원회 위원장에게 보낸 보고에 의하면 1937년 10월 25일 극동지역 조선인 3만6천4백42가구 17만1천7백81명이 1백 24대의 열차로 퇴거완료 되었으나 특별이주자 7백명 정도가 추가로 11월 초까지 이주 조치될 것이라고 명기하고 있다. 참고로 지역별 이주자 통계를 보면 우즈베크공화국에 1만6천2백72가구 7만

6천5백25명, 카자흐공화국에 2만1백70가구 9만5천2백56명으로 나타나고 있다. 이들의 이주과정에서 해외이주를 희망하는 자는 러시아를 떠나게 하고 반발하는 자들은 현장 처형하는 등 조선인 극동지역 잔류를 원천 봉쇄하였다.

이것은 하나의 조선인 청소작전으로 충분히 명명 되어질 수 있다. 일본 근접지역에서의 불순분자 제거 예방차원의 고려인 집단 강제이주 결정 근거에 반론을 제기하는 또 다른 이유는 예조프의 보고처럼 고려인 이주가 1937년 11월 초까지 극동지역에서 완료된 것과는 별개로 전 영토에서 모든 조선인을 상대로 1946년까지 진행된 사실을 들 수 있다. 다시 말해서 러시아 연방의 모든 곳에서 이주되지 않은 조선인들은 중앙아시아로 이주시키는 제2차 단계가 46년에 가서야 완료된 것이다.

설명 그대로 러시아 고려인 청소작업이 바로 고려인 중앙아시아 강제이주 드라마인 것이다. 화물 열차를 통한 수송수단, 극동에서 중앙아시아까지 10일 여정의 거리를 1개월 이상 최악의 상태로 이주시킨 방식 등은 어떠한 설명으로도 행정적 조치에 의한 집단 이주로 받아들일 수 없는 것이다. 이주 전 극동지역 고려인들의 자산은 현재까지 100% 보상되지 않고 있는 현실이지만, 1937~38년 극동지방 집행위원회는 조선인 소유 주택과 건물 모두를 적군병사에 양도하는 조치를 취하면서 거의 벌거벗긴 채로 내몰려진 중앙아시아 조선이주민에게는 약속된 개인자산의 반환을 지키지 아니하였다.

결론은 러시아 고려인 중앙아시아 강제이주가 분명히 스탈린 전제체제가 자행한 반인륜적 민족탄압의 특별 강제추방 이주정책이라고 규정짓는 것이다. 1993년 러시아 연방 최고 소비에트에서 강제이주로 핍박받은 고려인들의 명예회복과 역사적 과오에 대해 사과한 것은 다행스러운 것이나 고려인 강제이주의 성격 규정이나 설명이 이루어지지 않은 것은 유감이 아닐 수 없다. 특별히 러시아 정부는 아직도 국가정보기관에 비밀로 남아있어 공개하지 않고 있는 1930년대 소리 없이 처형된 고려인 명단과 그 수를 밝혀야 한다.

### 나) 고려인 사회의 문제와 과제

통한의 역사적 배경을 간직하고 있는 독립국연합 50만 고려인 사회는 최근 들어 과거의 단합된 모습을 보이던 그 흔적조차 찾기 힘들 정도로 세분화 되어가고 이해관계에 따라 반목과 감정으로 치닫는 상태로까지 발전하고 있는 현실이다. 이렇게 된 원인은 대략 세 가지로 요약할 수 있다. 그 하나는 사회주의 체제가 무너지고 시장경제도입과 더불어 사회분화현상이 빠른 속도로 이루어지면서 일어난 것이고 다른 하나는 한국과의 왕래가 빈번해지면서 이해 찾기와 개인주의적 과욕, 여기에 한국인의 고려인 이용 편의주의 등이 복합적으로 어우러져 만들어지는 것을 들 수 있다. 또 다른 하나는 모국 정부의 미온적이고 무원칙적인 해외동포정책을 들 수 있다. 이러한 결과는 타 지역에서와 마찬가지로 고려인 사회발전에 부정적 영향을 미치고 있다.

 현재의 고려인 사회는 모국어를 철저하게 상실해가고 있다. 이런 현상은 민족정체성으로 연결 되어 설명될 수 있다. 물론 현지 공민으로써 그 나라에 충성하고 그 나라 역사 문화에 적응되는 것이 먼저다. 그러나 모국과 교통하고 언어와 문화 그리고 역사 또한 간직 계승될 수 있어야 한다. 더욱이 한민족은 민족이 주체가 되는 통일을 성취하여야 할 시대적 당면 과제를 안고 있다. 오늘의 고려인 사회는 이에 대한 의식이나 관심이 아주 희박하다. 민관이 함께 하는 정책과제를 수립하여 한민족으로써의 긍지와 공동번영의 비전을 가질 수 있도록 하는 프로그램 개발이 필요하다.

 중앙아시아 지역의 고려인들이 근면과 성실로 역경을 넘어 성공적인 정착을 이루었음에도 불구하고 카자흐스탄을 제외하고는 정치, 경제적으로 불안정한 상태에 있는 관계로 어려움을 겪고 있는 사람들이 많다. 소련 붕괴와 더불어 독립된 구소련 가맹국들의 민족주의가 전면으로 부상하면서 회교국가인 우즈베키스탄과 타지키스탄에서 고려인들에 대한 차별적 대우가 일어나고 특히 타지키스탄의 경우 내전까지 일어나면서 현지 고려인들의 일부가 재이주를 떠나는 사정에 이르기도 하였다. 모국은 정부차원에서 관심을 갖고 관련국들과 협력관계로 현지 고려인들이 안정된 생활을 할 수 있도록 지속적인 노력을 해야 될 것이다.

일부가 제기하고 있는 중앙아시아 고려인들이 집단으로 원상회복 차원에서 극동지역 연해주로 재이주하는 문제는 불가능하며 일어나서도 안된다. 타지키스탄 피난민의 경우는 예상치 못한 특수한 예이다. 현지 주민들에 비해 비교적 부유한 생활을 하며 뿌리를 내리고 사는 중앙아시아 고려인들이 연해주로 다시 돌아가야 할 이유와 명분은 더이상 존재하지 않는다. 이미 극동지역에는 원주민과 러시아인들이 정착하여 원활한 사회체제가 형성되어 있으며 기득권을 유지하고 있다. 따라서 1920~30년대 유지했던 고려인 사회건설은 물리적으로 불가능하며 민족분쟁 내지 정치적 분쟁만을 야기시킬 뿐이다. 아울러 피땀으로 다시 이룩한 고려인 사회와 경제는 재이주가 일어날 경우 대혼란과 제2의 이주 수난시대로 이어질 것은 자명한 일이다. 현실적으로 논쟁의 가치도 없는 일이나, 한국에서 정치적 발언으로 이 문제를 제기했을 때 중앙아시아 고려인들과 연해주 현지 주민으로부터 심한 반발을 사고 분란을 일으킨 일을 상기해 볼 필요가 있다.

이 문제에서 가장 경계해야 할 것은 현지 상황인식이나 배경도 고려치 않고, 이론적 접근으로 고려인 연해주 복귀 필요성을 주장하는 NGO나 학자들의 잘못된 접근이다. 사할린 고려인 사회와 연결 지어 연해주 한민족 자치주 건설 가능성을 중앙아시아 고려인 연해주 재 이주명분으로 상정하는 논리를 전개하는 것은 아주 위험하고 무지한 발상이다. 사할린 고려인과 중앙아시아 고려인은 그 성격과 형성배경이 전혀 다르다.

고려인 중앙아시아 강제이주 77년이 지나는 시점에서 중요한 것은 독립국연합의 모든 고려인들이 현지의 일등시민으로 성장하면서 현재의 고려인 사회가 발전할 수 있도록 하는 데에 초점을 맞추어야 한다. 일부 학자들과 고려인들에 의해 제기된 연해주 고려인 자치주 건설 논쟁은 앞에서 언급한 것처럼 현실적으로 전혀 불가능한 상태이다. 현재와 미래 모두에 있어 러시아의 정치적 과제 중 하나가 민족문제이다. 민족보수주의 경향으로 나가고 있는 러시아에서 새로운 이주방법으로 고려인 민족집단이 형성된다는 논제는 절대 부정적이다. 만일 1937년의 고려인 강제이주가 없었다면 고려인 연해주 자치주 형성은 충분하게 가능하였을 것이다. 그러나 이제는 모국의 정책적인 경제적 지원이 이루어진다고 해도 그것은 현실적으로 불가능한 일이다.

연해주정부는 1990년 이후 약 3만 명 정도의 고려인이 중앙아시아로부터 연해주로 재이주한 것으로 분석하고 있다. 2000년도 이후 연해주로의 고려인 이주는 또 다른 국면을 맞고 있다. 통계에 의하면 러시아 국적을 취득하지 못하거나 재정착의 실패로 중앙아시아로 돌아간 고려인 수도 상당수에 이르고 있다고 한다. 중앙아시아의 민족주의와 경제적 위기, 언어의 문제, 정치 사회적 불평등의 문제가 계속 존재하는 한 주류사회에 편입되지 못하고 불안정한 생활을 하고 있는 고려인의 러시아 이주에 대한 희망은 계속될 것이지만, 러시아의 이민정책은 폐쇄적이다. 중앙아시아의 상황 변화와 러시아 각 지방의 고려인 정착 여건의 변화에 따라서 유동적으로 달라질 수밖에 없으며 어느 곳에서도 정착하지 못하는 빈곤과 유랑생활을 거듭해야 하는 고려인들이 상존하고 있는 문제가 있다.

연해주로 이주민이 유입되기는 1992년부터 1994년 사이에 내전과 민족갈등으로 정세가 불안했던 타지키스탄 출신들이 대부분이었다. 안정되지 못한 고려인들이 계절 이동 농업을 통하여 연고를 가지고 있던 볼고그라드에 이주해 가는 현상이 일어나고 있다. 부득이한 사정으로 이렇게 재이주를 하거나 희망하는 고려인들에게는 민족집단의 이동 방향으로 간주하거나 접근해서는 안되기 때문에 이들에 대한 모국 정책이나 NGO역할은 정치적 민족적 논리가 아닌 지원과 협력이 중심 되어야 한다. 러시아에 거주하는 고려인은 120여 민족 가운데 29번째이다. 대부분은 중앙아시아 각국에 집중 거주하고 있다. 이 비중은 중앙아시아 각국에서 1% 미만의 적은 비율로 회교계가 다수를 차지하는 중앙아시아 각국에서 소수민족으로 존재하고 있는 것이다.

제6장

# 일제에 끌려간 조선인-
# 사할린 고려인

1. 사할린 고려인들의 역사적 배경
2. 이중강제징용과 억울한 죽음들 그리고 북조선으로 떠난 사람들
3. 사할린동포들의 투쟁과 소망

## 1. 사할린 고려인들의 역사적 배경

러시아 고려인사에는 또 하나의 애절한 조선민족 비사(悲史)가 있다. 러일전쟁의 결과로 1905년 남사할린이 일본에 귀속된 후 이 지역을 가라후토 라고 명명하고 군수물자 수급기지로 선정, 이에 필요한 노동력을 조달하기 위하여 조선의 젊은이들 징집과 강제 징용을 자행하였다. 1939년부터 시작한 조선인 동원은 1945년 해방 전까지 강행되었다. 풍부한 석탄과 천연가스 자원개발과 보급수단인 철도, 비행장 건설에 총동원령을 내리고 북진일본 전위대로 이용하였다. 여기에 배치되었던 조선인 일부 광부들은 전쟁이 쇠퇴의 막바지에 이르는 1944년 군수기지가 몰려 있는 일본의 규슈와 이바라키현으로 이중강제징용되어 중노동에 시달리었다. 1945년 태평양전쟁이 일본의 패배로 끝나자 사할린에 거주하고 있는 4만명의 일본인들은 귀국시키고 4만명의 징집징용된 조선인들은 사할린에 버리고 일본으로 이중강제징용된 조선인들은 돌려보내지 않았다. 이들이 사할린 고려인들이다.

▶ 징집되어 신체검사 중인 조선 젊은이들

사할린은 러시아 연해주(沿海州)의 동쪽 오호츠크해에 위치하고, 일본 홋가이도(北海島) 북부에 있는 섬으로, 일본어로 '가라후토(樺太)'라고 한다. 사할린은 1854년 러시아 영토가 되었지만, 1905년 일본이 러일전쟁에 승리하자 사할린 중간에 해당하는 북위 50° 이남을 점령하게 되었다. 석유와 석탄의 매장량이 많기 때문에 일본은 전쟁을 수행하기 위해 조선에서 근로자를 징집 강제 징용하여 끌고 갔다. 1945년 8월 제2차 세계대전-태평양전쟁이 연합군의 승리로 끝나자 일본이 점령했던 남사할린-가라후토는 소련에게 점령당하였다. 연합군사령부와 소련은 이 지역 주둔 일제 8사단과 거주 일본인(36만8000명)을 1946년 12월까지 일본으로 이양(移讓)하기로 하였으나 조선인 4만3000명은 일본인이 아닌 식민이라는 이유로 제외 하였다. 이 결정이 포츠담 선언이다. 이러한 결과로 강제징용 된 사할린 거주 조선인들은 해방공간에서 소외되어 조국으로 돌아오지 못하고 무국적자가 되어 소련체제하에서 사회주의 교육을 받으며 자유를 제한 받고 공민권을 박탈당하며 러시아 고려인으로 가혹한 시대를 이어가게 되었다.

소련의 우방인 북한이 사할린에 계약노무자를 송출하면서 영사관이 개설되고 무국적 조선인 에게 북한 국적 취득작업을 하였지만 사할린 거주 조선인들의 대부분은 경상도와 전라도에서 징발당한 사람들이기 때문에 조국으로의 귀환 희망을 버리지 않고 북한 국적이나 소련 국적 취득을 거부하고 무국적자로 버티기도 하였다.

1897년 국세조사 자료에 의하면 사할린 총 인구 2만 8천명 중 조선인 어부 67명이 기록되어 있어 이 때가 최초의 사할린 이주로 보고 있다. 이들은 두만강을 넘어 연해주에서 아무르강을 건너서 온 것으로 추정하고 있다. 그러나 남사할린의 조선인은 1925년부터 증가하기 시작하여 1940년대에 들어서면서 급증했다. 제국주의 일본 식민 정부는 징집 징용 등으로 이주시켰으며, 징용령에 의하여 강제노동에 끌려간 한인의 수는 1941년 5만, 1942년 11만, 1943년에는 12만명에 이르렀고, 1944년에는 정신대, 학도동원까지 실시하였다. 이렇게 징용으로 끌려간 사람들 중에 희생된 자의 수가 적지 않았으며, 종전으로 앞에서 언급했듯이 1946년 미소귀환협정을 통해 일본인과 중국인은 자국으로 돌아갔으나 조선인들은 그 대상에서 제외되었다. 1956년 '일소 공동선언'으로 조선인과 결혼한 일본인과 그 자

▶ 일제의 만행에 의해 희생된 조선인 강제징용자들

녀 2,345명이 일본으로 귀환하였지만 41,543명의 잔류 조선인들은 슬픈 사할린 섬에서 1세대 2세대 3세대를 이어오며 고려인이 되어 러시아 공민으로 살아가고 있다.

일제에 끌려와 사할린에서 척박한 삶과 통한의 세월을 살아온 우리 동포들의 역사적 배경은 징용시기에 따라 두가지 형태로 구분된다. 1938년도부터 1943년도 사이에 조선총독부와 일제 기업들이 결탁하여 이른바 모집징용으로 사할린에 온 사람들과 1944년 조선총독부의 강제징용령에 의해 일본이 패망하기 직전인 1945년도 3월 사이에 끌려온 사람들이다. 1938년부터 1945년까지 6년간에 걸쳐 이루어진 5만여명의 조선인 사할린 강제징용은 1938년 일제가 공포한 「국가총동원법」에 의거 「일제노무보국회」 (일제징용전담기구)가 조선총독부와 합작으로 내선일체를 내세우며 조선반도에서 조선민족에 자행한 착취적 반인륜적 범죄행위였다.

일제와 소련의 억압, 그리고 조국의 무관심과 소외로 거의 대부분 꽃다운 소년 청년 시절에 낯선 이국땅에 끌려와 일제 식민지의 최대 희생자이면서도 해방공간에서 묻혀 버리고 한·일, 한·소 수교에서도 소외 당한채 70-80-90대의 황혼에 이르기까지 그렇게도 염원하고 오매불망하던 가족과 모국으로 돌아가지 못했다. 평생 세월을 회한과 분노로 피맺힌 삶을 살다가 죽어가고 살아남은 사람들과 그들의 2, 3세들이 눈물의 타의적 정착을하여 오늘을 살아가고 있는 우리 민족 해외정착의 가장 처절한 역사의 현장 여기가 버려진 우리민족

사할린 고려인, 고려인동포사회이다. 엄밀하게보면 1920년대 기아를 탈출하기 위하여 압록강을 넘어 하바로프스키, 블라디보스톡 등 연해주로 넘어갔던 조선사람들의 일부가 사할린 땅으로 이동한 것이 우리민족 사할린 역사의 시작이었다. 사할린은 러시아의 영토이었으나 러·일전쟁에서 승리한 일제가 1905년 포츠머트 조약에 의거 북위 50도를 경계로 남사할린을 차지하고 그 이름도 가라후토로 명명하여 일본 영토로 편입되어 있었다.

▶ 일제에 학대 받는 조선인 광부들

탄광, 원목, 가스, 수산자원이 풍부한 사할린에는 미쓰비시, 미쓰이, 가네보 등 다수 일본 기업들의 본격적인 진출로 40여만의 일본인들이 이주되어 있었다. 일제는 위험한 중노동이 필요한 사할린 개발에 조선인 노동자들을 투입한다는 결정으로 1938년 조선총독부를 통하여 모집징용을 실시하였다. 소속되는 일본 기업들에 따라 일용임금 5원-6원에 2년 계약조건으로 면단위를 통하여 실시된 초기의 모집징용에는 식민지 핍박에 시달리며 가난과 싸우던 조선사람들의 자의적인 징용들이 주류를 이루었다. 그러나 현지 도착 후 약속한 임금은 절반 수준으로 그나마도 제대로 지급되지 않고 열악한 작업환경과 위험은 하루평균 4-5명의 부상자와 2-3명이 죽어나가는 사각지대의 현장이었다. 이러한 소식이 본국의 가족들을 통하여 전달되면서 징용 기피현상이 일어나자 조선인 모집징용은 강제성을 띠기 시작하였다.

1939년 일제는 제2차 세계대전으로 전쟁물자조달을 위한 조선인 착취가 극치를 이루게 되었다. 사할린의 조선인 강제 배치 정책도 이의 일환이었다. 1945년도 사할린의 인구통계는 45만여명으로 알려지고 있다. 이 통계를 기준으로 볼 때 당시 40만여의 일본인이 여기에 거주하였으므로 나머지 5만여의 숫자는 대부분이 조선인 징용자 수를 나타낸다. 일본 점령하의 사할린에도 극소수의 중국인, 러시아인 등 타민족의 거주가 있었기 때문에 40만이니, 50만이니 하는 규격적인 수치에는 다소의 신뢰감에 결여가 있다. 그러나 거의 근사치에 가깝다는데는 이론이 없다.

정확한 통계가 아직 밝혀지지 않고 유일하게 관련자료를 보관하고 있는것으로 믿고있는 일본이 아직까지 사실발굴 요청을 회피하며 조선총독부 고문서공개를 하지 않고 있어 누구하나 자신있는 수치를 제시하지 못하는 안타까움이 있다. 징용세대의 생존자들 증언과 일본의 자료를 종합해보면 1938년도부터 45년도까지 징용된 조선인수가 5만여명으로 추정되고 있다.

그러나 1945년 소련군이 점령한후 조사한 보고서에는 사할린의 조선인 징용자수가 4만5천여명으로 기록되고 있다. 이자료에 의하면 5천여명이 행방불명이 된 것이다. 그러나 이에 대한 규명작업은 공산주의체제의 소련하에서 상상할 수 없는 일이었기 때문에 91년도 초까지 엄청난 불명자들의 생사확인은 무참하게 방치되어 오다가 고르바초프의 페레스트로이카 정책으로 사회활동이 가능해지면서 잃어버린 부모와 자식을 찾는 사업들이 사할린 동포사회에서 시작되었다.

## 2. 이중강제징용과 억울한 죽음들 그리고 북조선으로 떠난 사람들

1944년도 연합군 대공격으로 이제는 전운이 불리해지고 훗가이도와 사할린 간의 해상통로가 위협을 받으면서 탄광생산과 수송이 여의치않자 부족한 전쟁물자 조달의 가속을 위해 사할린 북부의 숙련된 조선인 탄광 노동자들을 규슈와 하바라키로 이동시키는 이중강제징용을 단행하였다. 이중강제징용자 2세인 안명복(1933년생, 사할린 거주)씨의 증언에 의하면 1944년말 3천2백명이 가족들한테 일본으로 간다는 말한마디 남겨놓고 이중강제징용으로 일본 본토로 끌려갔으며 그것이 마지막이었다고 한다. 10세미만의 철부지 어린나이에 낯선 이국땅에서 아버지를 잃어버린 아이들은 이제 80이 가까워오는 백발의 노인이 되어버렸고 어린것들을 키우느라 생사와 싸우면서 서방님을 서리게 기다리던 어머니는 남편의 생사확인 소식한장 받아보지 못하고 오래전에 세상을 떠나버렸다. 대체로 밝혀진 5천여명의 행방불명자는 3천2백명의 일본 본토로 끌려간 이중강제징용자와 노역을 견디지 못살고 사망하거나 질병, 사고,

▶ 징용1세대의 절규

구타, 자살, 탈출 등으로 죽거나 행방불명이 된 사람들로 알려지고 있다.

　모집 징용자 2세인 우정국 사할린시 전 노인회장은 "우리들은 아버지와 1년정도를 함께 살다가 생이별을 당하였다."고 증언하고 있다 일제의 모집징용방식에 의해 사할린에 온 조선 노동자들은 가족동반이 허용되었고, 같이 오지 못한 사람들은 후발로 가족이 합류하는 혜택을 받았지만 이중강제징용이라고 하는 일제의 반인륜적 만행으로 영영 다시 보지 못하는 이산가족이 되어버렸다. 이 이중강제징용에는 반수이상이 젊은사람들로 동원되어졌는데 아들과 아버지가 함께 징용된 케이스도 있다. 1944년 조선총독부 강제징용령에 의해 끌려온 사람들 중에는 일제의 무차별적인 마녀사냥 방식의 강제

▶ 일제의 조선노동자에 대한 학살만행

징용을 아버지와 아들 심지어는 두 아들까지 함께 온 조선인들이 상당수 있었다고 사할린주노인회에 자료 발굴작업을 하고 있는 징용 2세대 정태식(1930년도생, 경북 의성출신 사할린시 거주)씨는 증언하고 있다.

▶ 일제의 조선노동자에 대한 학살만행

유즈노 사할린스키「이중강제 징용자 찾기위원회」위원장을 맡고있는 안명복씨는 일본 동경의 사할린 한인사를 연구하고 있는 나가사씨의 도움으로 2000년 4월 사할린 아카히브(기록보관소) 및 일본고문서 보관소에서 아버지가 포함된 12명의 명단을 55년만에 발굴하여 현재 이를 근거로 미국의 변호사를 통하여 당시 일본 소속회사들을 상대로 보상청구 소송을 진행하고 있다. 이외에 명단이 밝혀진 사람들이 있지만 모두 일본명으로 되어있어 정확하게 일본명을 기억하지 못하는 이중강제 징용자들의 후손이나 가족들이 명확한 확인을 못하고 있어 안타까움을 더 해주고 있다.

사할린 한인들의 수난사는 이것으로 끝나지 않았다. 1959년에서 60년 대부분의 사할린 한인들이 본국으로 귀환을 기다리며 소련국적을 취득하지 않고 무국적 상태를 유지하고 있던 시절 북조선은 소련정부의 협조를 받아 나홋트카 영사관의 영사를 파견하여 희망자들에게 즉석에서 북조선 공민권을 발급하였다. 이때에 많은 사람들

▶ 잃어버린 가족을 찾는 사할린 동포

이 분단은 되었지만 곧 통일이 이루어진다는 선전을 믿고 북한을 통해서라도 조국으로 간다는 희망 때문에 북조선 국적을 취득하였다. 북한은 우수한 조선인들을 김일성종합대학에 유학시킨다며 450명의 학생들을 선발하여 데려갔다. 그러나 이들 대부분은 김일정종합대학에 입교하지 못하고 수리대학이나 사상, 기술연구소 등으로 배치되어 철저한 통제생활을 하는 어려운 처지가 되었다.

견디지 못한 일부 학생들이 탈출을 시도하였지만 거의 실패하거나 행방불명이 되고 5-6명정도가 탈출에 성공한 것으로 알려지고 있다. 결과적으로 북조선으로 간 450명 학생들 대부분은 다시 돌아오지 못하고 어떻게 되었는지 오늘까지 아무도 말해주지 않고 있다. 유즈노 사할린시장 보좌관이며 전 사할린주한인회장을 역임했던 이국진씨가 증언하고 제시해 준 자료에 의하면 1976년 소련당국은 본국으로 귀환하기를 희망하는 한인들을 조사한 바 있는데 그 결과 5천여명의 신청자가 모두 한국행을 원하는 반면 북조선으로 가기를 원하는 사람은 전무하였다고 한다. 당시 북한과 특별한 맹방관계를 갖고 있던 사회주의 종주국 소련은 이러한 현상에 대해 심각한 우려를 나타냈으며 한인들에 대한 KGB의 감시와 통제가 강화되었다. 1977년 소련은 사할린주의 홈스크시, 포로나이키시, 고로사코시, 사할린시의 4개 도시에서 한국송환을 주도하던 40명을 선발하여 북조선으로 강제 이주시켰다. 이중에는 혹독한 고문에 시달리어 정신병원에 수용되었던 사람들도 포함되었다.

이국진씨가 1989-90년 한인회장 재임시 세바르드나제 당신 소련 외무상에게 북조선 강제이주자들의 확인 요청 탄원서를 제출하였는데 이 탄원서가 KGB로 이송되어 이에 대한 회신을 받은 내용에 의하면 KGB가 강제이주를 주도하였음을 시인하고 이들 40명의 명단이 확인되어 통보되었지만 아직까지 이들의 생사확인은 알아볼길도 찾을길도 없는 상태이다. 여기에는 애절하고 처절한 절규의 역사가 하나둘이 아니다. 40명 명단 중의 하나인 호동화는 당시 21살의 세상물정에 익숙치않은 꽃다운 청년으로 한살 아래의 곽명자와 결혼하여 두살짜리 아들과 5개월짜리 딸을 둔 순박한 주부였지만, 심부름 하나 한 것 때문에 이들은 북조선으로 강제이주되고 핏덩이의 두 혈육들은 행방불명이 되었다. 자식과 며느리, 손자와 손녀를 잃어버리고 슬픔과 분노의 세월을 살아온 76세의 호동화 어머니는 북조선으로 간 자식과 며느리는 모르더라도 사할린땅에서 쥐도 새도 모르게 없어진 손자와 손녀의 생사확인만이라도 할 수 있게 해달라고 얼마전 사할린 시장 앞으로 눈물의 호소문을 보내왔다. 분단의 비극은 사할린 동포들에게 또하나의 다른 시련이었다. 후르시초프 강권통치 시절 사할린의 한인들은 한글학교 한글신문 그리고 모국어를 빼앗기고 남녘땅 고향으로 가는 소망을 포기하게 된다. 이에 대한 저항은 바로 강제이주와 직결되기 때문이었다.

## 3. 사할린동포들의 투쟁과 소망

1945년도 일본이 패망하기 전 45명의 그룹 속에 만17세의 어린 나이로 끌려온 마지막 강제징용세대 조정구(1928년생, 경북 문경 출신 사할린시 거주)씨는 "우리는 3천만을 대표해 사할린에 끌려와 7천만 민족에게 버림을 받았습니다. 어떻게 이렇게 방치해둘 수 있고 무관심 할 수 있습니까. 우리는 40년동안 공산주의 철망에 갇히어 오도가도 못하며 땅에 묻은 가족들의 묘소참배도 마음대로 못하는 감시속에 기막힌 인생을 보낸 사람들입니다. 제대로 교육받지 못하고 지식이 짧은 노년의 우리들이 어떻게 역사적 반성이 없는 저 거대한 일본과 싸워서 보상을 받을 수 있습니까. 한국정부가 나서주고 우리민족들이 관심을 갖고 도와줘야 하지 않습니까?"라면서 분노하며 절규하고 있다.

조정구씨가 주장하는 내용은 이렇다. 일제가 강점한 조선반도 3천만 인구 속에서 강제로 차출되어 끌려와 우리민족사에서 유래를 찾아볼 수 없는 모진 고통과 희생을 당하였지만 그동안 모국과 7천만 동포들로부터 잊혀진 민족이 되어왔고 그렇기 때문에 일본으로부터 보상도 받지 못한채 죽기전의 한을 풀고자 어렵고 외로운 투쟁을 하고 있다는 것이다. 주로 60대이상의 징용 2세대들이 중심이 되어 전개하고 있는 사할린 동포들의 보상운동은 모든 가족이 모국과 고향으로 영주귀국을 할 수 있게 해달라는 것이다. 이것은 너무도 당연한 주장이며 이에 대한 이차적인 책임은 분명하게 일본이 갖고 있으며 그리고 그 일부가 한국과 소련을 승계한 러시아 갖고 있다. 그러나 55년 세월이 지나고 새로운 세기가 시작되었지만 이들의 절절한 소망을 실현되지 못하고 무고한 열강의 피해자들인 노년의 징용세대와 그 고통을 함께 공유하였던 2세대들은 죽고 죽어가고 있다는 것이다.

▶ 망향의 사할린 1세대들

한국의 김영삼 대통령 재임시 무라야마 수상의 약속에 따라 32억엔이 후생성 예산에서 일본적십자사에 지줄되고 이 돈은 다시 한국적십자사에 보내져 27억엔이 투입된 안산에 사할린동포 영주귀국자 아파트와 그 배우자로 제한되어 있어 가족동반이 원천 봉쇄되는 부모와 자식간 이산의 또다른 운명적 비극의 시대를 맞고 있다. 조정구씨와 사할린시 노인회장 우정국씨가 전하는 내용에 의하면 일본은 정부차원의 보상책임을 회피하고자 인도적 자원의 명분으로 겨우 32억엔을 내놓고 한국정부는 상기 안산과 인천의 아파트와 보육원 건립에 필요한 대지를 제공하여 이것으로 사할린 동포들에 대한 역사적 과오의 책임을 마무리하고자 하고 있다고 한다.

사할린주 노인회에 모여있던 생존의 징용세대들과 2세들은 이구동성으로 "지금 영주귀국으로 안산에 간 부모들은 자식과 가족을 그리며 한국에서 울고 사할린에 남아있는 자식들과 가족들은 부모를 그리며 사할린섬에서 울고 있습니다." 라면서 격분하였다. 조정구씨는 "우리는 자식들과 가족을 버리고는 못갑니다. 그래서 나는 강제징용세대이지만 영주귀국 신청을 하지 않았으며 다른 분들도 마찬가지입니다." 라고 주장하고 있다. 안산에 건립된 영주귀국자 아파트는 그나마 30년 임대 아파트이다. 많이 살아야 10여년을 더 살수 있는 노년의 귀국자들이 죽고나면 그 자리는 사실상 국가의 소유로 넘어가게 된다. 55년동안 일제 식민지의 멍애를 지고 버림 받은 채 유린의 역사를 살아온 사할린 동포들에게 돌아온 대가가 이러한 선택적 한시적 혜택이라면 이것을 바라보는 사할린 동포들의 분노와 지속되는 투쟁은 당연하다.

이것은 사할린 잔류동포들에게 이 제공하는 인도적 책임의 상징성을 고려한 결정으로 보여진다. 그러나 우리 동포들의 요구나 주장과는 다른것이다. 유즈노 사할린스키 시장 보좌관으로 있던 「사단

법인 사할린잔류한인영주귀국촉진회」에 중심인물로 참여하고 있는 이국진씨는 사할린과 러시아 생활문화에 익숙해져있고 이제 이 땅에서 그런대로 살아갈 수 있는 형편이 되었음에도 불구하고 사할린 동포가 애절하게 가족동반의 영주귀국을 추진하고 투쟁하는 이유를 다음과 같이 설명하고 있다. "1945년 소련군의 점령으로 오도 가도 못하는 상태가 된 우리 한인들은 무국적상태가 되어 거주가 제한되는 유배자가 되었습니다. 떨어져있는 부모의 묘소 참배도 금지되고 3-4킬로미터 밖에 있는 가족이나 친지방문도 할 수 없었습니다. 심지어는 결혼하는 신랑 신부가 같은 동네가 아닐 경우는 따로따로 잔치를 해야되고 신랑 신부의 첫날밤은 경찰서에서 마련해주는 곳에서 보내야하는 기막힌 설움을 겪어왔습니다. 우리의 2세들에게는 이러한 타의적 이국에서의 서러운 역사가 반복되지 않고 모국에서 차별과 설움없는 생활을 할 수 있도록 해주어야 하기 때문에 한

▶ 수력발전소 건설에 강제 동원된 조선노동자들

인들의 영주귀국은 반드시 실현되어야 합니다. 그래서 우리는 이렇게 투쟁하고 있습니다."

일제는 한인들을 사할린에 끌어다놓고 일본인으로 둔갑시키어 황국식민으로 만들어 놓고 말할 수 없는 차별과 멸시를 하다가 패망을 하자 저 사람들은 조센징이라고 하며 자기들만 본국으로 떠나가 버렸다. 1945년 광복이 되었지만 국내는 물론 전세계 한인들이 느끼는 광복의 기쁨을 가장 먼저 맞보아야할 사할린 동포들은 그것을 공유하지 못하고 오히려 소련군의 감시와 탄압을 받는 신세가 되었다. 일본의 보상으로 사할린땅에 남기를 희망하는 사람들을 제외한 모든 한인들이 자유롭게 자신의 나라로 돌아가는 것이 사할린 동포들의 소망이며 요구이고 투쟁목표이다. 그러나 우리동포들은 외로운 투쟁을 하고 있으며 결집된 역량을 갖추고 있지 못하다. 일본의 책임은 말할 것도 없이 인도적으로도 가족단위의 모국영주귀국이 이루어지는 이들의 원상회복은 우리국가와 우리민족이 일본을 상대로 함께 풀어야 할 과제이다.

### ▣ 국적을 여섯번 바꾼 사할린 동포들

해외에 사는 한민족의 수를 재외동포재단에서는 700만으로 통계하고 있다. 그러나 우리 민족학자들은 750만은 넘는다고 주장한다. 그 이유는 통계수치가 해외 입양아, 국제 결혼한 사람들 그리고 아직도 무국적자로 살아가는 한인들의 수가 포함되어 있지 않기 때문이다. 여기에다 북한을 탈출하여 떠도는 사람들, 일본에 귀화하여 철저하게 우리민족의 정체성을 숨기고 사는 사람들까지 계산하면 750만이 훨씬 넘는다고 추정하고 있다. 해외에 거주기반을 두고 있는 이 거대한 750만의 우리민족 이주의 역사적 배경은 가난을 탈출하기 위하여 핍박과 박해를 피해서, 더 나은 삶을 찾아서, 스스로 택한 이동과 이주였다. 그러나 이중에서 유일하게 사할린에 정착한 한인들은 대부분이 일제에 의해 끌려간 사람들이고 그들의 아들 딸들이다. 이들은 조선국적을 갖고 있던 토속적인 조선 사람들이었지만 태평양전쟁이 한창이던 일제 식민지치하의 이른바 내선일체의 후방전사로 차출되어 일본국적으로 가라후토에 징용되었다.

일제가 패망하고 광복을 기다리며 무국적 상태를 유지하였다. 그러나 소련군의 점령과 1948년 일제의 자국민 선별 철수, 모국의 외면으로 우리 동포들은 현지 잔류의 길을 강요받게 되었다. 일제에게 점령당한 국토를 재탈환한 소련은 사할린 개발을 위해서 우리동포가 필요하게 되었던 것이다. 미·소 중심의 강대국 지배 논리와 전승국들의 이해에 의해 조국이 분단 되자 이남출신이 대부분인 사할린 동포들은 사회주의체제의 소련땅에서 미국점령하의 자본주의체제에 편입된 고향과의 통신이나 소식이 단절되게 되었다. 이렇게 되자 그래도 어느곳이던 조국으로 가면 곧 통일이 되어 고향으로 돌아갈수 있다는 북조선의 선전에 희망을 갖고 많은 사람들이 조선민주주의인민공화국 국적을 취득하였다.

일부의 사람들이 이러한 상태에서도 대한민국으로 돌아가려는 운동을 하다가 소련정보기관에 끌려가 사회주의혁명의 반동분자로 찍히어 모진 고문과 고통을 당하거나 수용소로 유배되는 핍박을 받았다. 그러자 한국으로 가겠다는 움직임은 자취를 감추게 되었다. 1937년 스탈린에 의한 연해주 고려인들의 중앙아시아 강제이주와 뒤를 이은 후르시초프의 우리말학교와 신문의 폐쇄 및 모국어 사용이 어렵게 되자 사할린 동포들은 타의에 의해 소련에 동화되기 시작하였다. 이들은 다시 생존과 자녀들의 교육을 위해 소련국적을 취득하기 시작하였다.

1991년 소련이 붕괴되고 러시아연방이 수립되자 사할린의 한인

▶ 희생자 추모비

들은 또다시 러시아 국적으로 변경하게 된다. 조선에서 일본, 일본에서 무국적, 무국적에서 조선민주주의인민공화국, 여기서 소련, 소련에서 러시아 이렇게 여섯번의 국적을 사할린 동포들은 변경하면서 살아온 기구한 운명의 우리민족이다. 최근에 한국으로 영주귀환한 노인들이 다시 대한민국 국적을 신청하였다. 이것까지 합하면 일곱번의 국적을 바꾼셈이다. 조국이 없이 수백년을 떠돌며 세계적으로 흩어져 살았던 유태민족도 이렇게는 국적변경을 하지 않았다. 인류사에서 그 유래를 찾아볼 수 없는 우리민족 사할린 동포들의 기막힌 역사앞에 조국과 겨레는 삼가 송구함을 전해야 할 것이다.

사할린 동포의 국내 영주귀국은 1990년대부터 시작된 "사할린 동포 영주귀국 사업"을 통해 서울, 안산, 부산 등지에 정착하여 살고 있다. 영주귀국 대상자는 1930년대 후반 러시아 사할린지역으로 강제징용되었다가 2차 세계대전 종전 후에도 귀국하지 못한 동포, 배우자 및 자녀들이다. 영주귀국 사할린 동포에게는 기초생활수급자 지정으로 1인당 월 40만원의 생계비를 지원하고 있지만 낯선 환경과 언어 그리고 경제적인 어려움이 수반되고 있다. 최저 생계급여만으로는 안정된 생활이 어렵고 일자리와 소일거리가 없어 무료한 일상에 지치고 있다. 강제징용으로 수십년 동안 고초를 겪었던 사할린 동포가 영주귀국 고국생활에 적응해 나가기 위해서는 국가적인 지원과 제도가 발전적으로 확대되어야 할 것이다.

제7장

# 새로운 시련 :
# 소련 고려인에서
# 독립국연합 고려인으로

1. 끝나지 않은 유랑
2. 독립국연합 창설과 소련연방 해체 후의 고려인 사회

## 1. 끝나지 않은 유랑

1953년 스탈린 시대 마감과 더불어 고려인 이주 제한 정책이 해제되면서, 고려인은 러시아 및 중앙아시아를 무대로 정착기반의 영역이 성공적으로 확대되었다. 그러나 1991년의 소련연방이 붕괴되자 고려인 사회는 또 한번의 위기적 시련에 봉착하게 된다. 독립한 여러 중앙아시아 국가들이 국가의 독자성과 정체성을 확립하는 민족주의 정책을 펼치면서, 타 민족에 대한 경계와 배척이 일어나기 시작했다. 고려인들이 사용하던 러시아어 대신 자민족 언어를 국어로 지정하면서, 거주국가의 언어 사용이 어려워지고 해당 국가의 국적을 취득하지 못해 무국적 상태로 살아가는 고려인들이 늘어나면서 고려인 사회는 메인스트림(Main Stream)의 언저리로 밀려나는 시련을 겪게 되었다. 이렇게 분류되는 고려인들이 통계적으로 5만여 명이 있는 것으로 알려지고 있다.

이에 해당하는 고려인들은 교육·경제·의료와 같은 기본적인 사회보장에서 소외되고 여행도 자유롭지 못한 상태에서 직업 선택의 기회를 상실한 채 열악한 노동현장에서 살아가고 있다. 고려인들의 생업 수단 비중이 큰 농업분야에서도 마찬가지이다. 대부분 자기 땅을 소유하고 있지 않기 때문에 고액의 임대-소작료를 지불해야 되고 농사에 필요한 농기구나 종자 등을 구입하기 위해서는 비싼 사채에 의존하고 있는 현실이다. 이 때문에 연간소득은 3,000달러(한화 320만 원)도 안 된다고 한다. 그래서 아직도 독립국연합 고려인들의 유랑은 러시아행과 한국행을 방황하며 진행형이다.

약 3만여명으로 추산되는 한국 체류 고려인 동포들은 대부분 H2(방문취업)와 F4(동포) 비자를 통해 입국해 3D 산업현장에서 일하고 있다. 이들은 기본적으로 불안정한 체류 상태에서 단속, 추방 대상이 되고 일부는 불법체류자로 전락하고 있다.

| | 총계 | 우즈벡<br>(고려인 포함) | 카자흐<br>(고려인 포함) | 러시아<br>(고려인 제외) | 러시아<br>고려인 |
|---|---|---|---|---|---|
| 전체 | 53,161 | 37,986 | 3,099 | 7,319 | 4,757 |
| 단기방문C3 | 6,002 | 2,904 | 476 | 2,581 | 41 |
| 고용허가제E9 | 15,740 | 15,569 | 111 | 60 | - |
| 재외동포F4 | 7,867 | 3,600 | 760 | - | 3,507 |
| 영주원F5 | 1,413 | 521 | 80 | 573 | 239 |
| 결혼이민F6 | 2,175 | 1,391 | 117 | 579 | 88 |

▲ 한국거주 고려인 현황 (2013. 8: 키르기스스탄, 타지키스탄 제외)

| 방문취업<br>H2 | 11,966 | 10,453 | 733 | - | 780 |
|---|---|---|---|---|---|
| 불법취업<br>(비율) | | 5,112<br>(13.5) | 390<br>(12.6) | 884<br>(12.1) | 103<br>(2.2) |
| 거주지역<br>(많은순서) | | 경기 안산시<br>경남 김해시<br>경기 화성시 | 경기 안산시<br>충남 아산시<br>서울 동대문구 | 수원 영동구<br>서울 용산구<br>경남 거제시 | 경기 안산시<br>부산 동구<br>서울 중구 |

▲ 출처 : 국민권익위원회 김준태 조사관 조사자료
(법무부 비자발급 현황을 통한 조사)

H2 비자의 경우 3년 기한의 단순노무 종사 형태이며 F4비자의 경우 한국에 계속 거주 가능하나 안정적 직업 선택이 배제되어 산업현장에서 단속의 그늘에 열악한 거주 환경과 불안정한 고용형태, 언어 및 교육 문제 등 아픔을 겪고 있으며 일하고 있다. 이 동포비자는 그나마도 19세에서 25세까지 젊은 청년들에겐 발급이 안 되고 있다.

한국체류 고려인 동포들의 최대 밀집 거주 지역은 안산 땟골 마을이다. 여기에 약 2,000여명이 집단촌을 형성하며 거주하고 있다. 안산 각지에 약 5,000여명을 포함해 공단 및 농어촌 지역 등 전국 각지에 약 3만여명 이상이 입국해 단순노무인력으로 일하고 있다. 한국정부는 이들을 외국인 노동자 정책의 범주로 관리하고 있다. 고려인 동포들의 민족정체성 문제를 도외시하고 산업인력확보에만 집중되어 있어 고려인 동포가 갖는 특수한 역사 문화적 정체성은 도외시하고 있다.

그래도 고려인 들은 스스로를 한민족이라고 사고하고 행동한다. 러시아 중앙아시아 국가 사람들은 고려인을 그나라 사람이라고 하지 않고 까레이스키-한민족이라고 부른다. 이리저리 쫓겨 다니며 유라시아를 떠돌면서도 150여년 가까이 한민족 혈통을 유지하고 있기 때문이다. 그런데 모국인 한국에서는 그늘을 단순히 외국인 노동사 취급을 하고 있는 것이다. 그러면서 고려인들이 유라시아의 민족자산이고 통일을 함께 열어갈 동포라고 한다. 그러나 모국의 이런 정책과 태도가 고려인 동포들에게 상처와 이율배반이 되고 민족적 갈등 상황으로 전개되고 있다. 동포비자로 입국해 체류하게 되는 고려인 동포들은 노동법의 보호 테두리 안에서도 사회안정망 안에서도 외국인도 아닌 한국인도 아닌 채 투명인간으로 저만치 소외되어 있다.

다른나라의 경우 예컨데 독일, 중국, 이스라엘, 등의 동포 정책은 자국의 재외동포들에 대해 역사적 책임의식으로 포용하는 정책을 취하고 있다. 모든 재외동포들이 자유로운 모국 왕래를 허용하고 원하는 경우 국적을 취득할 수 있도록 하고 있다. 독일의 경우에는 역사적 책임의식이라는 인본주의적 사회정책에 기반한 동포수용정책으로 귀환을 희망하는 독일계 동포들에 대해 공민권을 부여하고 정체성 확립과 통합을 위해 국가 차원의 각종 지원방안을 마련 시행하고 있다. 주목할 만한 동포정책은 민족의 개념을 과거 독일제국의 시민권을 소유했던 자는 물론 그의 배우자, 자녀를 독일 민족으로 정의하여 혈통적, 언어적, 문화적 특성상 독일민족과 동질성을 가지고 있는 자까지로 독일민족의 범주를 넓히고 있다.

한국의 경우 1999년 공포한 '재외동포의 출입국과 법적 지위에 관한 법률'(재외동포법)에서 '대한민국의 국적을 보유하였던 자 또는 그 직계비속'으로 한정 하였다가 2004년 전향적으로 개정하였지만 조선시대 호적 등재 사실을 증명해야 한다는 조건이 붙었다. 비자도 H2와 F4로 구분하여 학력, 재산 정도로 차등 발급하고 있어 재외동포법이 아니라 '재외동포 분류법'이라고 비판을 받고 있다. 재외동포들이 입국에서 F4비자로 바꿀수 있도록 전문자격증 시험제도를 도입했으나 상대적으로 모국어에 취약한 고려인 동포들에겐 혜택이 없다. 150여년 러시아와 중앙아시아 유라시아 각지를 떠돌아야 했던 고려인 동포들의 특수한 역사와 정체성을 고려하고 배려하는 고려인 동포 정책을 수립하여야 할 것이다.

구 소련연방에서 분리된 중앙아시아 지역 국가에서 다시 유민화 되고 있는 고려인 동포에 대한 적극적인 포용과 지원정책을 통해 이들을 활용의 대상에서 모국이라는 역사적 책임의식에 기반한 인도주의적 동포 정책 수립으로 적극적으로 대응해 나가야 한다. 고려인 이주 150주년을 맞아 한민족으로서 고단한 삶을 살아야 했던 이들을 위무하고 기념해야 하며, 고려인 동포들이 적어도 모국에서는 이방인으로 살지 않도록 만들어야 한다.

## 2. 독립국연합 창설과 소련연방 해체 후의
   고려인 사회

신연방조약으로 소비에트연방을 지키고자 했던 미하일 고르바초프 대통령의 적극적인 설득과 노력에도 불구하고 이른바 소련연방의 빅3인 러시아의 옐친 최고회의 의장, 우크라이나의 크라프추크 최고회의 의장, 카자흐스탄의 나자로바예프 최고회의장이 신연방조약 서명을 거부하며 소련은 몰락의 길로 기울어 졌다. 1991년 12월 21일, 옛 소비에트 연방을 구성하는 15개 공화국 중 이미 1991년 9월 6일 독립을 쟁취한 발틱3국-에스토니아, 라트비아, 리투아니아(1940년에 소련에 강제 합병당한 국가들)와 연합참여를 거부하는 그루지아를 제외한 11개 공화국의 지도자가 카자흐스탄의 알마티에서 모여 독립국가연합(CIS: Commonwealth of Independent States)을 만들기로 합의하였다. 참여 공화국들이 독립 주권국임을 명시하는 독립국가연합의 헌장을 채택하므로서 연방은 해체되었다.

소련연방 몰락배경으로는 페레스토로이카 결과에 따른 개혁의 실패로 권력이 약화되고 통제기능을 상실한 연방정부의 공항에서 비롯된 것으로 판단하고 있으나 변혁과정의 혼란시기를 이용한 권력투쟁이 핵심적으로 작용하였다고 보는 것이 더 사실적이다. 당시 인민들은 궁핍성을 느끼면서도 사회적 보장 안정과 평화로웠던 소련시대를 향수하고 그리워하였다. 소수민족으로 차별적 대우를 받아 오면서도 소련 공민으로 기본권을 회복하여 사회주의 구성체의 일원이었던 고려인들은 연방해체와 민족주의 신생독립국 체제 변화에서 다시 황야에 서는 처지가 되었다.

독립국연합 국가들간의 갈등이 고조되고 경쟁적으로 민족주의가 강화되면서 유랑과 정착을 반복하며 살아가던 고려인들에게는 새로운 재난의 시대로 시련의 시대로 영향되었다. 고려인이 추구했던 소비에트화는 과거의 유산이 되었고 자본주의라는 시장경제체제와 독립공화국이라는 정치체제에 적응해야 할 새로운 도전에 직면한 것이다.

소련의 해체로 국가권력은 토착민족에게 넘어가 토착어가 공용화되고 민족주의가 팽배해지면서 고려인들은 현지 국가에 남아야 하는지, 소련을 승계한 러시아 땅으로 떠나야 하는지, 아니면 잊고 살던 조국으로 돌아가야 하는지를 결단해야 하는 선택의 갈림길에 서게 되었다. 소련의 붕괴와 신생 독립국들이 직면한 극도의 경제난은 고려인들의 이동을 촉발하는 엑소더스를 유발하였다.

15개 독립국가의 출현은 고려인에게 방황하는 문제와 과제를 안겨 주는 새로운 환경이 되었다. 소련이라는 한 울타리에 살던 고려인들은 국적과 국경이 바뀌고 흩어지게 되었다. 이와 같은 변혁공간에서 소련에서 같은 소수민족으로 살아가던 독일인과 유태인은 쉽게 모국으로 이주하는 계기가 되었지만 고려사람들은 남과 북 조국이 둘이나 있지만 오라는 곳이 없는, 모국이 없는 민족보다 못한 처지가 되었다. 소련붕괴 후 고려인의 재이주 이동 방향은 러시아행과 한국으로의 인력진출과 귀환 시도였다.

이 과정에서 고려인들은 적극적으로 시장경제체제에 적응하는 수단으로 자영업에 진출을 하였다. 지금 유라시아 대륙에서 고려인이 가장 많이 종사하고 있는 직업은 의류상, 식료품상, 식당업 등 소규모 자영업이다. 전문직과 노동자가 주류를 이루던 고려인 사회의 직업구조가 소련붕괴 후 자영업 중심으로 바뀐 것이다. 그러나 지금도 많은 고려인들은 가난을 헤어나지 못하고 생존을 위해 유랑하고 있다. 이런 현상에서 고학력의 차세대를 이끌어가야 할 중장년층의 국외 이주 증가는 고려인 사회의 존립 기반 약화로 이어져 고려인 사회의 해체 우려까지 제기되고 있다.

고려인은 러시아 극동 시베리아에서 동유럽과 중앙아시아를 잇는 광활한 유라시아 대륙에 널리 분포돼 거주하고 있다. 한국에도 3만여 명이 있다. 고려인의 가치와 위치 및 지위를 재조명하여야 할 시대적 과제를 함께 고민하여야 할 시점이다.

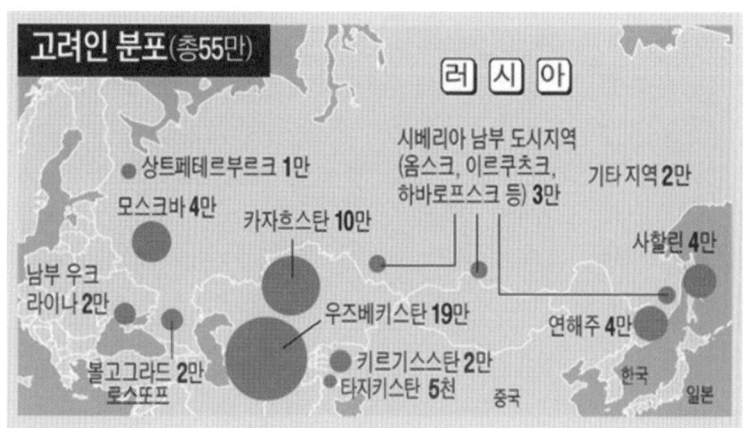

제8장

# 고려인 중앙아시아 정주 80년

1. 우슈토베 고려인 아리랑
2. 고려인 중앙아시아를 품다

## 1. 우슈토베 고려인 아리랑

1937년 10월 연해주에서 강제이주 당한 고려인들이 정착한 도시이다. 불모지 벌판이었던 이곳에 약 10만 명의 고려인이 이주하면서 마을로 발전했으며 현재 약 20,000여명의 주민이 거주하고 있다. 러시아 연해주에 정착했던 고려인들은 아무런 연고와 사전지식 없이 이곳에 정착하게 되었다. 초기 정착 시 수많은 시행착오와 어려움을 극복하며 살아남은 고려인들의 아픈 역사를 간직한 곳이다. 우슈토베에는 기차역이 있어 외부 카자흐스탄 제1도시 알마티를 포함한 주요도시와 연결된다. 우슈토베 중심에서 북쪽으로 약 2km 떨어진 곳에 있는 바스토베(Bastobe) 지역도 고려인들이 최초로 정착하였던 곳이다.

▲아직도 우슈토베에 왜 끌려왔는지를 모른다는 강제이주 2세

일제치하에서 러시아 연해주로 이주한 독립운동가(봉오동 전투를 승리한 홍범도 등)를 포함한 한인들은 1937년에 중앙아시아 카자흐스탄과 우즈베키스탄, 타지키스탄, 키르키스스탄으로 강제로 이주당하게 되었다. 화물열차에 짐짝처럼 실려 강제로 이주당하는 과정에서 10%가 넘는 2만1천명 정도가 사망하였다. 혹한과 기아에 약한 아이들과 노약자들이 많이 희생되었다.

첫 기착지인 카자흐스탄 우슈토베와 크질오르다 바스토베 등에 96,256명이 내려졌다. 이들 고려인들은 스텝지역 들판에서 토굴을 파고 겨울을 지났다. 낯선 땅에서 상상하기 어려운 고난을 겪고 많은 희생자가 있었지만 고려인들은 끈기와 노력으로 정착의 자리를 잡아갔다. 불모의 황무지를 개간하고 벼농사와 경작 작물 재배에 성공한 고려인들의 성공적 정착 사례는 소비에트연방은 물론 다 인종 국가인 카자흐스탄에서 부지런하고 강인한 귀감이 되었다.

유라시아 실크로드의 중간 기착지 카자흐스탄 우즈베키스탄 중앙아시아 정점에 자생적으로 시대를 이겨낸 한인의 후손들이 살고 있는 땅이 되었다. 이 과정에 그들에게는 모국도 국가도 없었다. 모국은 외면하였다. 그러나 민족과 나라에 대한 원망대신 인내 도전 희망으로 견디고 꾸리었다.

▲1938년 우슈토베 고려인 토굴갈대 가옥

연해주 원동에서 화물열차에 실려 고려인이 처음으로 내려진 곳 우슈토베는 카자흐스탄 최대 도시인 알마티에서 동북쪽으로 330km 떨어진 곳에 있다. 한때 이곳 인구의 25%가 고려인이었다. 그러나 고려인 사회가 발전하면서 도시로 이주하고 지금은 9%가량만이 고려인이다. 그러나 우슈토베에는 고려인 전설이 살아있다. 이곳에 정착한 고려인은 인근 강물을 끌어다가 황무지를 개척해 논농사를 짓고, 구 소련시절 노력영웅으로 칭호를 받은 고려인, 우슈토베 시장이 된 고려인 등 주류사회 중심인물로 지역사회에서 존경 받아왔다.

안타가운 것은 강제이주 1세들이 세상을 떠난 후 그 후손들 대부분 고려인늘이 모국어를 하시 못한다. 소비에트 정권 시절 조선어 사용을 금지시키고 러시아어만을 쓰게 했기 때문이다. 이곳에 도착한 고려인들은 살기 위해 러시아어만을 배우고 익혀야 했다. 생활환경은 바람과 황무지뿐이었다. 소련 당국은 집과 살림살이, 논밭까지 버리고 온 이들에게 보상도, 지원도 하지 않았다. 땅굴을 파고 갈대로 지붕을 올려서 바람과 눈을 피했다. 견디지 못한 아이와 노인들이 죽어 나갔다. 언덕을 가득 메운 헐벗은 무덤들이 당시의 참상을 말없이 보여 준다.

중앙아시아로 끌려온 고려인들의 첫 정착지인 부슈토베 인덕. 혹독한 추위와 배고픔을 견디다 못해 숨진 사람을 하나둘 묻으면서 무덤이 늘기 시작해 지금은 아예 고려인 공동묘지처럼 바뀌었다.

늦가을에 도착한 고려인들은 긴 겨울을 견디고 살아남아 봄부터 물길을 내고 농토를 만들어 황무지를 논밭으로 바꾸기 시작했다. 중앙아시아로 끌려온 고려인들은 마음대로 이동할 자유도 없었고 공민권도 제한되어 농사일에만 전념할 수밖에 없었다.

황무지를 옥토로 바꾸며 뿌리를 내리기 시작과 더불어 고르바초프 대통령 개혁 개방정책은  고려인들에게 이동의 자유, 교육의 자유, 공민권의 자유가 회복되면서 삶과 직업이 다양화되고 향상되었다. 이주 2세대는 농업에서 교사와, 의사, 엔지니어, 공무원, 군인 등 전문직으로 진출하기 시작했다.

1991년 소련이 붕괴하면서 고려인 사회는 러시아 등 상대적으로 더 발전된 곳으로 옮겨갔다. 외국행이 자유로워지면서 젊은 세대는 교육과 직업에서 동서를 넘나드는 대 약진을 하게 되었다. 그럼에도 불구하고 우슈토베는 크질오르다, 카라간다 등 카자흐 내 고려인 초기 정착지와 우즈베키스탄, 키르기스스탄 정착지 가운데서도 아직 고려인들이 집단으로 거주하는 유일한 곳이자 고려인 중앙아시아 역사와 세월이 숨결하는 한민족 아리랑이 서린 곳이다.

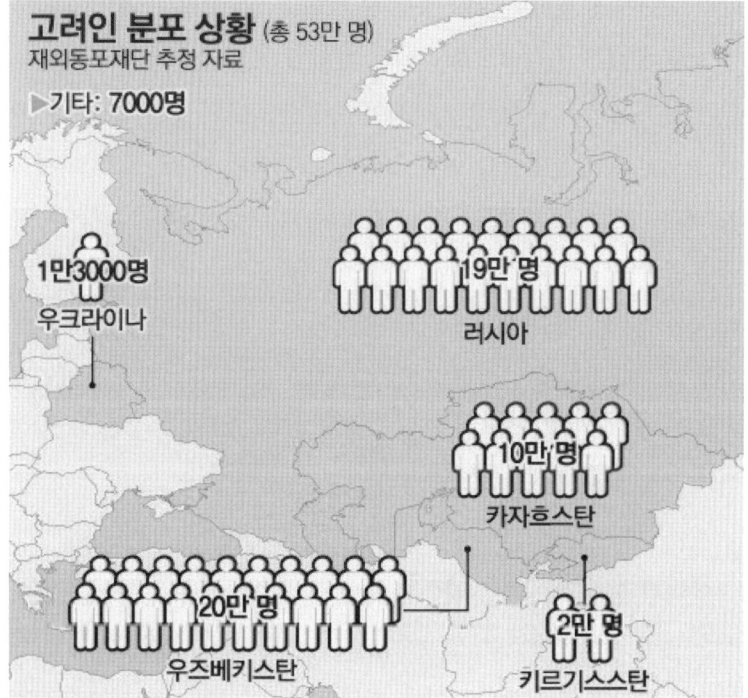

## 2. 고려인 중앙아시아를 품다

2017년은 코리안 디아스포라'의 역사에서 가장 비극적 사건인 1937년 스탈린의 극동 연해주 고려인 중앙아시아 강제이주 80년이 된다. 다른 소수민족 이주 정책에 비해 더 가혹하고 정치적 요소가 있었던 고려인 중앙아시아 지역으로의 분산 강제이주 시킨 배경 원인 실행작전은 그동안 조사 논쟁 분석 규명 등을 통해 밝혀지고 이에 따라 소련을 승계한 러시아 정부 및 의회도 조선민족 고려인에 자행한 과오에 대해 공식적으로 사과를 하였다. 소련 정부가 고려인들의 일본 첩자 활동을 문제 삼아 강제이주 명령을 내린 것이 정설처럼 되어 있었으나 앞장에서 설명한 것처럼 근본적인 이유는 고려인사회가 러시아 땅에서 민족운동으로 결사화 되는 것을 해체화하는데 목적이 있었다. 강제이주에 앞서 소련인민위원회는 비밀요원들을 투입해 고려인 지도자 2천여 명을 비 공개적으로 체포·처형하였다. 강제이주 과정과 정착은 민족의 분할이고 이산이고 통제이었다. 공민권과 신분을 박탈하고 사회적 진출을 제한하고 모국의 역사 교육 문화 언어 사용을 제도적으로 봉쇄하였다.

이러한 현실 속에서 고려인은 좌절하지 않고 생존을 위해 치열하게 근면하고 도전하였다. 연해주 시대에서 농사에 성공한 것처럼 황무지를 개간했고, 중앙아시아 논농사 밭농사 농업을 향상 시키었다. 우즈베키스탄의 김병화 콜호스(집단농장)는 300만 평의 황무지를 옥토로 바꿔 소련 최고의 모범 농장으로 선정된 것이 대표적 사례이지만 황만금농장 등 이 외에도 카자흐스탄 우즈베키스탄 여러곳 집단농장에서 고려인 노력영웅들이 있었으며 특히 우즈베키스탄 주력 농업인 목화재배는 고려인들에 의해 좌우되었다. 이러한 결과는 고려인들 생활안정과 더불어 새로운 미래를 향한 정착으로 이어졌다.

▲우즈베키스탄 목화재배 단지

통제가 풀리고 거주이동의 자유, 교육의 자유, 사회진출의 자유를 갖게 되면서 고려인은 농사에만 그치지 않고 사회 각 분야로 진출했다. 1990년대 들어서는 다양한 분야에서 고려인 전문직 전문가, 공무원, 군인, 정치인이 생겨나고 재력 있는 경제인에서부터 산업현장의 중추세력으로 자리잡아갔다. 거주기반도 농촌에서 도시로 빠르게 이동되어 현재는 중앙아시아 고려인 80% 이상이 도시에 살고 있다. 교육수준은 독립국연합 국가에 있는 140개 민족 중에서 고려인 사회가 상위 그룹에 있다.

▲ 까레이스키가 제일 고객이라는 카자흐스탄 알마타 메가 쇼핑몰

1991년 소비에트연방 몰락으로 15개 가맹 공화국이 독립국가가 되면서 중앙아시아 고려인사회는 새로운 도전을 받게 되었다. 그것은 공용어이었고 생활언어였던 러시아어가 각 독립국의 토속 고유언어로 바뀌었기 때문이다. 물론 아직도 대부분이 일반적으로 러시아어를 사용하고 있어 생활에 불편은 없다 하더라도 국가공무원, 정부 공식문서, 무역서류 등 공식적인 언어는 국가의 고유언어를 써야 하기 때문에 다시 교육을 받아야 하고 혼란을 겪는 상태를 경험하여야 했다. 이로 인해 소수의 고려인들은 터전을 버리고 러시아어 생활권을 찾아 재 이주 하는 사례도 생겼다. 여기에 키르키스탄, 타지키스탄 거주 고려인들 일부가 현지의 정치적 불안 민족주의 등으로 유랑자 신세가 되어 연해주로 재 이주를 하였다. 이를 두고 한국의 일부 시민단체가 고려인돕기 운동이라며 중아아시아 고려인 연해주 재이주 복원을 주장한바 있으나 이는 아주 무모하고 무식하고 불가능한 잘못된 주장이었다.

러시아는 외교적으로 용납할 수 없는 일이라며 허구선동자 명단을 작성 러시아 입국을 금지시키었고 중앙아시아 고려인협회는 역경을 딛고 정착에 성공하여 중앙아시아 국민으로 메인스트림으로 중산층 이상의 안정적 생활을 구가하고 있는 고려인 사회를 유랑민으로 매도하고 있다는 격한 대응을 하였다.

**2015년 말 독립국연합 동포 현황 (자료: 외교부)**

| 居住資格別/地域別 | 市民權者 | 永住權者 | 滯留者 一般 | 滯留者 留學生 | 總計 |
|---|---|---|---|---|---|
| <獨立國家聯合> | 523,729 | 258 | 6,459 | 2,251 | 532,697 |
| 러시아 全域 | 185,692 | 193 | 2,706 | 2,080 | 190,671 |
| 駐 러 시 아(大) | 121,200 | 107 | 2,072 | 1,912 | 125,291 |
| 駐 블라디보스톡(總) | 64,492 | 86 | 634 | 168 | 65,380 |
| 우즈베키스탄 | 200,000 | 0 | 917 | 0 | 200,917 |
| 카자흐스탄 | 101,806 | 41 | 1,748 | 81 | 103,676 |
| 키르기즈스탄 | 19,784 | 4 | 558 | 48 | 20,394 |
| 우크라이나 | 12,711 | 20 | 350 | 30 | 13,111 |
| 투르크메니스탄 | 400 | 0 | 20 | 0 | 420 |
| 타지키스탄 | 1,696 | 0 | 87 | 0 | 1,783 |
| 벨라루스 | 1,300 | 0 | 15 | 12 | 1,327 |
| 몰도바 | 280 | 0 | 5 | 0 | 285 |
| 그루지아 | 20 | 0 | 0 | 0 | 20 |
| 아제르바이잔 | 10 | 0 | 53 | 0 | 63 |
| 아르메니아 | 30 | 0 | 0 | 0 | 30 |

아주 극히 일부가 정착에 성공하지 못하고 유랑자 신세가 되어 떠돈다면 그들을 위해 조용하게 연고를 찾는 연해주 이주를 돕는 것은 필요하지만 그것도 마찰이 없고 재생이 가능한 범위에서 돕는 것이 되어야 한다.

2015년 말 현재 외교부 통계 기준 독립국연합(구 소련) 고려인은 523,729명이며 이중 약 350,000명이 중앙아시아 우즈베키스탄, 카자흐스탄, 가리키스탄, 타지키스탄. 투루크메니스탄의 5개 스탄(산맥) 국가에 분포되어 있다. 특히 우즈베키스탄 200,00, 카자흐스탄 100,000의 두 나라에 집중되어 있다. 이들 고려인 강제이주 80년의 역사는 고난과 애절을 넘어 화해와 상생 치유의 세월로 가고 있다. 3세 4세 차세대 고려인들은 소련의 역사를 용서하는 공존의 질서, 역사 진화의 시대라고 말하고 있다. 중앙아시아의 고려사람들은 중앙아시아의 국민이다. 고려인 중앙아시아강제이주 80년이 아니라 고려인 중앙아시아 정주80년으로 바꾸어 기념식을 준비하고 있다

'눈물의 고려인 역사'
고려일보 창간 90주년 기념식
김현태 연합뉴스 알마티 특파원

이슬람교를 국교로 삼고 있는 우즈베키스탄에 비해 카자흐스탄은 다인종 다문화 국가답게 개별 민족들이 역사와 전통을 지키고 승계하고 있다. 카자흐스탄 알마타에는 구 소련시대부터 간행되는 유일한 한글 일간지 고려신문 《레닌기치》가 『고려일보』로 개칭하여

러시아어와 혼용으로 계속 간행되고 있다. 연해주에 있던 조선극장은 1937년 고려인 강제이주와 함께 크질오르다를 거쳐 알마타에 고려극장으로 바꾸어 고려인 문화공간으로 존속되고 있다.

고려인 사회는 그들 나라에서 시장도, 장관도, 국회의원도, 장군도 배출했고 세계적인 구리 왕 같은 대재벌도 있다.

▲알마티 고려극장 창립 80주년 기념공연

중앙아시아의 주요 도시에는 고려인협회와 고려인문화센터 등의 공동체가 건실하게 운영되고 있고 대학 학교 사회에서 한글교육도 행해지고 있다. 진한단체도 있고 친북단체도 있다. 카자흐스탄 알마티와 우즈베키스탄 타슈켄트에는 고려인 재래시장도 있다. 아버지 어머니가 쓰시던 조선어는 못하지만 까레이스키(고려인)을 주저하지 않는다. 중앙아시아 국민 까레이스키로 자유하며 만족하며 살아가고 있다.

지정학적으로 중앙아시아는 여러 문명과 민족들의 교차점이었다. 동쪽으로는 중국, 서쪽으로는 카스피해에 접해있고 북쪽으로는 러시아 남부, 남쪽으로는 아프가니스탄과 파키스탄과 인접해 있는 대초원지역이다. 실크로드의 땅이다. 문명의 공존, 민족의 공존, 문화의 공존, 종교의 공존 중심에 고려인의 역사가 중앙아시아에서 경애를 받고 있다. 고려인은 더 이상 애절한 민족, 버림받은 민족 형편이 어려운 동포가 아니다. 오히려 고단한 시절 아무런 도움도 주지 않은 모국을 원망하지 않고 모국의 중앙아시아 진출과 발전에 기여하고 있다. 한민족 후예로서의 원천을 잃지 않고 당당하게 살아가고 있다.

▲ 토굴정착에서 도시 스트림으로 우뚝 선 고려인 집장도시 알마티

▲ 고려인 전통 재래시장(질룐늬 바자르 )

제9장

# 한반도와 러시아

1. 한반도와 러시아 관계
2. 한국과 러시아의 내외정책 전략
3. 러-중 협력관계와 한반도
4. 러시아와 한반도의 관계의 시대적 인식과 실용외교
5. 한국과 러시아의 파트너십과 새로운 미래
6. 태평양 시대 허브를 향한 푸틴 동진정책과 한반도

## 1. 한반도와 러시아 관계

한반도와 러시아는 근 현대사에서 부침을 거듭하며 지정학적으로 밀접한 관계의 역사를 가지고 있다. 이 과정에서 러시아는 한반도 정치 경제 문화에 개입과 영향력을 행사해 왔다. 아직도 70년 이상 역사의 한반도 분단시대를 극복하지 못하고 있는 현실에서 남·북·러 삼각 외교 구조는 남·북·중 삼각외교 구조와 더불어 한반도의 안정과 통일에서 러시아의 역할과 위상은 중요한 함수이자 위치를 가지고 있다. 동북아 질서에서 한반도를 무대로 전개되는 주변정세와 각축은 러시아가 이해 당사국으로 균형세력화 할 수 있는 위상을 가지고 있으며 남·북·러 3국 협력, 러시아 동진정책 등 상호 보완적인 잠재력이 큰 협력 파트너이다. 이러한 환경에서 선언적 수준에 머물러 있지만 남한과 러시아는 전략적 협력 동반자 관계로 격상되어 상호 정책과제가 긴밀하게 실질적으로 이루어진다면 한반도 안정에 긍정적인 역할을 할 것으로 기대되고 있다.

북한과 러시아 관계가 우호적으로 긴밀해 지는 것은 러시아의 위상과 역할의 관점에서 한반도 평화와 안정에 긍정적으로 작용하는 요인이다. 러시아가 기획한 2015 모스크바 전승행사 남·북·러 정상회담 추진이 미국과 일본이 국익에 부합되지 않는다는 이유로 반대하고 중국의 전략적 이해로 미온적 태도에 의해 불발되었지만 성사되었다면 발전적인 3각 협력시대를 여는 계기가 마련될 수 있는 기회였다. 한·러 협력'에서 러시아는 한반도 통일이 지정학적인 관점에서 러시아 국익에 도움이 되기 때문에 긍정적인 입장을 가지고 있다. 러시아의 동진정책 관점에서 한반도가 통일 되면 아시아-태평양을 잇는 가교가 된다는 인식을 가지고 있다.

통상적으로 알려진 바에 의하면 소련이 얄타회담이나 포츠담회담에서 한반도 분할을 주도한 것으로 되어 있지만 러시아 역사학자들은 관련 역사기록이 존재하지 않는다는 점에서 사실과 다르다는 주장을 하고 있다. 포츠담에서 미국과 합의한 사항에 따라 소련군은 38선 이북에 머물러 있었다가 철군하였다는 것이다. 이러한 주장에 의하면 얄타와 포츠담회담에서 맺은 협약과 연합군의 의무에 따라 소련은 1945년 8월에 수백만 일본 관동군을 물리치고 중국의 북동부와 한반도를 해방시킨 분단세력이 아닌 해방세력이라는 것이다.

이러한 역사 속에 현대 한·러 간 4반세기 넘는 수교 세월은 여러 분야에서 마찰과 갈등을 겪으면서도 괄목할만한 성장과 발전을 해왔다. 1990년 수교 이후 두 나라 간의 관계는 잠재 가능성에 비해 부족하고 아쉬운 점이 많지만 교역액이 110배 이상 늘었고 인적 교류 왕래도 최고조에 달해 있다. 한반도 동북아 평화 번영과 미래 발전을 위한 지속적인 협력을 강화해야 할 관계이고 시점이다. 한국의 유라시아 이니셔티브 정책과 러시아 동진정책 상호 공통적 국익부합은 두나라 관계를 크게 향상 시킬 수 있는 협력 강화 프로젝트이다. 러시아 대외정책의 기조는 국제문제에서 영향력 행사 유지와 일정한 역할을 하려고 하지만 핵심적으로는 국제협력과 경제외교를 중시하고 있다. 푸틴 대통령의 강한 러시아 정책은 국제사회에서의 위상 제고를 통해 국제정치적 차원에서 균형자의 역할을 목표로 갖고 있다.

이러한 목표를 추진하기 위하여 러시아는 국제적 위상을 지키며 실용주의적 외교 노선을 유지할 것으로 전망되며 한반도 정책에서는 북한 핵 불용을 주장하면서도 북한 체제 유지를 통한 국익과 한반도 안정 유지라는 정책 기조를 유지하려고 한다. 러시아는 기본적으로 남북한과 등거리 외교를 해오고 있다. 2010년을 기준으로 남·러 관계는 악화되었으나 북·러 관계는 오히려 개선되었다. 2011년 하반기 러시아가 남·북·러 가스관 사업을 추진하면서 러시아와 남북한 관계가 개선되는 경향을 보였는데 이는 등거리 한반도 정책을 유지하면서 한반도에서 러시아의 영향력을 확대하는 정책이라고 볼 수 있다. 푸틴 러시아 정부는 북핵 지위를 불용하면서도 북 핵문제는 정치외교 수단과 6자회담을 통한 해결 입장을 고수하며 북한 김정은 체제 자극 행동의 한·미·일 대응에 반대하고 북한 체제 안정 유지가 병행적 목표라는 정책을 견지하고 있다.

현재의 한·러 관계는 발전과정이라기 보다는 침체기에 가깝다. 한국의 대 러시아 외교는 러시아와 전략적 동반자 관계의 실질적인 향상이나 남·북·러 3국 협력을 다루면서 강대국인 러시아의 전략적 위상과 의미에 대해 명확한 인식과 방향이 없이 미국 영향과 대미 외교에 종속되어 중장기 외교 전략이 작동되지 않고 있다. 이러한 원인이

한·러 관계 발전 침체의 근본적 원인이다. 한국 정부는 대북관계와는 무관하게 철도 가스관 사업 추진과 북한의 개혁 개방 러시아 역할 주문외교가 아닌 양국관계의 핵심적 공유 이익이 되는 러시아 극동개발과 연관된 동진프로젝트와 협력하는 동북아 유라시아 공동번영 외교로 북한도 유인 참여토록 하는 정교한 전략이 필요하다.

러시아 동진정책 핵심은 경제 성장 동력으로서 극동 시베리아의 석유 및 가스 개발과 물류 유통의 중심 지대화이다. 극동개발과 유라시아 세력화는 러시아 국익의 최우선 순위이다. 이러한 러시아의 전략과 목표는 한국의 국익에도 부합된다. 러시아 동북아 전략은 역내 안보질서에서 전략적 협력자로서의 균형세력 위상을 공고히 하고자 하는 것이다. 미국 중국 러시아 일본이 경쟁하는 동북아지역의 불평등 세력구조는 유럽 중남미 아세안 등의 지역과 달리 다자간 협력의 틀을 어렵게 만들고 있다. 이 중심에 분단 한반도가 자리하고 있는 것이다. 힘의 차이가 큰 동북아 국가들이 적대 대립적 역사성으로 국제협력 보다는 개입과 경쟁에 중점을 두고 있기 때문에 외교적 편향성과 의존성은 경계대상이 된다.

러시아 외교에서 중요한 과제는 전략적 좌표와 인식 및 신뢰 구축이다. 러시아가 구 소련시대의 세계적 위상이나 영향력을 갖고 있지 않지만 국제문제에서 여전히 한 축을 형성하고 있으며 분명한 위치를 가지고 있다. 특히 한반도 문제에서 남·북·러 3각 협력과 평화 안정 통일 과정에서의 지지 협력 역할은 지정학적으로 다른 우방들에 비해 지대하다. 러시아는 중국과의 전략적 협력을 강화하면서 한반도 문제에 대해 영향력 확대를 도모하고 있다. 러시아와 중국은 북한과의 정치적 우방관계를 유지하며 남한과는 경제협력의 폭을 확대해 나가고 있다. 여기에 한반도의 북핵 문제를 포함한 평화 안보 역할 보폭을 넓혀 나가고 있다.

## 2. 한국과 러시아의 대외정책 전략

한국은 미국 일본과의 관계를 중시하는 전략동맹 강화 기조를 바탕으로 러시아와 중국 관계 향상을 추구하는 한반도 주변 4강 외교에 중점을 두는 대외정책을 갖고 있다. 특히 중국 러시아와는 통상 투자 자원 에너지 등 경제 교류 협력을 강화하는 노력을 해오고 있다. 이를 통해 한반도와 동북아 평화 안정을 확보하고 중견국으로서의 위상과 역할을 확고히 하는 실용외교를 지향하고 있다.

새로운 부활을 외치며 강대국의 위상에 도전하는 러시아는 중국과의 전략적 협력 강화 완성과 세계문제 개입을 바탕으로 미국주도의 일극적 영향 지배질서를 다극적 질서로 재편하는데 앞장을 서고 있다. 그래서 푸틴 정부의 대외정책은 다층적이고 다방면적인 외교와 안보정책을 추구하고 있다. 러시아는 독립국 연합 국가들과의 집단안보조약기구(CSTO), 유라시아경제공동체(EurAsEC), 상하이협력기구(SCO) 등을 창설 주도하고 구 소련연방 가맹 국가들로 구성되는 독립국가연합(CIS) 단일경제공동체 형성을 주도하고 있다.

이와는 별개로 유럽 중남미 아프리카 중동 아시아 세계 전 지역에 걸쳐 정치, 외교, 경제, 문화 등 국제협력을 강화하는 정책을 펼쳐 나가고 있다.

그 중에서도 동북아 한반도 외교가 주목을 받고 있다. 기본적으로 동북아 지역의 안정을 우선시하는 정책을 갖고 있다. 한반도에서의 핵 무기화와 분쟁 긴장 고조에 확고한 반대 입장을 갖고 있는 러시아는 미국주도의 국제사회 한반도 긴장 조성을 비판하며 한편으로는 북한의 핵 보유를 불용하고 있다. 이는 한반도 안정이 자국의 이익에 긴요하기 때문이다. 이러한 이해는 러시아와 중국의 공유적인 요인으로 이들 두 국가의 위치와 역할이 미국의 일방적 압박이나 긴장지대 조성 반사이익, 북한의 핵 위협과 도발을 완화하는 불안정한 상태이지만 완충 구조를 유지하게 하고 있다. 다시 말해 독주 패권이 아닌 다극적인 질서에 의해 평화와 안정이 유지되어야 한다는 입장이다.

내부적으로 러시아는 국가경제 성장 동력의 핵심으로 극동 시베리아 개발 국가프로젝트를 경주하고 있다. 이 중추 러시아프로젝트를 수행하는데 있어 한반도의 안정과 평화는 중요한 요소의 하나이다. 에너지 자원 수출입과 남·북·러 삼각 협력이 성사되면 한반도 종단철도(KTR)와 시베리아 횡단철도(STR) 연결, 가스관 연결로 아태 지역과 유럽을 잇는 주요 물류거점의 요충지가 되기 때문이다. 그래서 러시아는 북한체제의 안정과 남북한간의 화해 협력을 지지하는 유인 정책을 모색하고 있다. 이렇게 한국과 러시아 관계는 상호 이익의 상당한 접점과 교집합을 갖고 있다. 또한 한국과 러시아가 적극적으로 참여하고 있는 아시아태평양경제협력체(APEC), 아세안지역협력포럼(ARF), 아시아유럽 정상회의(ASEM), 동아시아정상회의(East Asia Summit) 등 지역협력기구에서 상호 보완적 외교활동으로 협력관계를 증진시켜 나갈 수가 있다.

## 3. 러·중 협력관계와 한반도

한반도의 안정과 평화 문제는 러시아와 중국의 역할과 양자 간의 관계에 대한 이해 없이는 접근법과 해결책을 찾기 어려울 정도로 서로 밀접하게 연관되어 있다. 협력관계가 더욱 공고화되고 있는 러·중 관계가 한반도 문제와 지정학적 관련성은 한·미·일 관계보다 더 심대하다. 러시아와 중국은 2001년 7월 장쩌민-푸틴 모스크바 정상회담에서 "선린·우호·협력조약"을 체결한 이래 양국관계가 역사상 최고의 수준에 도달하게 되었다. 양국은 2006년 '중국에서 러시아의 해,' 그리고 2007년에는 '러시아에서 중국의 해'를 선언하고 여러 차례 합동 군사훈련을 실시할 정도로 협력관계를 밀도 있게 발전시켜 왔다. 양국의 협력관계는 이러한 외교적 수사에만 머물지 않고 경쟁과 협력으로 군사 정치 경제 다양한 분야에서 실현되었다. 러시아와 중국은 '상하이 협력기구'(Shanghai Cooperation Organization, SCO)를 통한 다자안보 부문에서도 긴밀한 협력을 진전시켜왔다. SCO는 기존 목표를 확대해 정치, 경제, 운송, 교육, 문화, 환경보호 등을 포함해 광범위한 이슈를 다루고 있다. 또한 양국은 SCO를 통해 중앙아시아에서 영향력을 확대하려는 미국의 시도에 대해 공동으로 대처한다.

양국 협력관계에서 경제 군사 분야에서 괄목할 만한 발전을 해왔다. 특히 교역부분에서 1999년 45억 달러 수준이 2015년 1,000억 달러 규모가 되었다. 러시아와 중국 사이의 가장 비중 있는 에너지 자원 부문의 양국 협력은 세계경제가 주목하는 중요 아젠다 이다. 러·중 관계는 해를 거듭할수록 그 협력의 폭과 깊이가 심화되어 작금의 양국관계는 역사상 최고조에 도달해 있다. 그러나 이러한 전반적인 협력관계의 공고화에도 불구하고 분야에 따라서는 양국 간에 상당한 이견, 경쟁, 갈등이 잠재하고 있다. 크레믈린은 외형적으로 중국과 최고의 전략적 동반자 관계를 전진시켜 나가지만 내심으로 중국의 급부상에 대해 우려와 경계의 시선을 갖고 있다. 중국의 급성장은 러시아에게 도전, 위험, 또는 위협으로 인식되고 있다.

대표적인 사례가 상하이협력기구(SCO) 기능과 목표의 양국 간 이견 노출이다. 중앙아시아에서 종주국적 영향력을 구축하고 있는 러시아는 미국 등 제3의 세력이 중앙아시아에서 세력을 확대하는 것을 저지하기 위해 다자 안보기구의 역할에 초점을 두는 반면 중국은 SCO를 경제협력을 포함한 광범위한 지역협력체로 발전시켜 나가는 것에 더 관심을 두고 있다. 핵심은 양국 모두 중앙아시아 국가들에 대한 자국 영향력을 확대하기 위해 경쟁하고 있는 것이다. 러시아는 중국 편중의 에너지 협력에 우려를 갖고 있으며 급격히 증가하는 중국 이주자들 유입 때문에 소위 '황화론'에 대한 경계심을 갖고 있다.

한반도 문제와 국제관계에서도 이견과 경쟁구도가 발견된다. 러시아는 한반도 동북아 세계문제에서 기본적으로 균형세력 중심국가가 되고자 하지만 중국은 급성장하는 국력을 바탕으로 자국의 국력에 걸맞은 영향력의 확대를 원하고 있다. 특히 한반도 문제에는 일방적인 미국의 정책에 대항하는 공동전선을 구축하고 있지만 대북정책에서는 독자적 제재 협력 투 트랙으로 경쟁하고 있다. 양국관계는 공통의 가치나 장기적인 상호이익, 대등한 국력 등에 기반을 둔 안정적인 관계라고 보기보다는 미국의 패권정치에 대한 공동 대처를 하면서 중단기적인 이해관계의 공통분모에 기반을 둔 시대적 전략적 결합으로 보는 것이 더 현실적이다.

러시아와 중국의 한반도 정책은 한반도의 안정과 평화가 유지되어야 한다는 공통된 목표와 이익을 갖고 있다. 러·중 양국은 북핵문제를 접근하는 방법에서 북한의 핵개발을 원칙적으로 반대한다는 데에는 견해를 같이 하지만 국제 문제화된 북핵과 한반도 문제 해결방법에서는 이해 당사국의 관점에서 견해와 주장이 일치하지 않는다. 따라서 긴밀한 협의 하에 이루어지기 보다는 독자적으로 행해지고 있다. 러시아는 북핵문제를 다루기 위한 다자협의체에 중요 구성원으로 참여함으로써 동북아 역내에서 영향력 구축을 도모함과 동시에 북핵 6자회담을 동북아의 다자안보협력체로 제도화하는 구상을 하고 있다. 중국은 한반도 비핵화와 북한 체제의 안정을 동시에 추구하면서 6자회담 의장국의 역할로 한반도와 동북아 역내에서 전략적 이익을 지키고, 미국의 영향력에 대응해 자신의 위상을 확고히 확대하려 하고 있다.

중국은 북한 핵문제 해결과 북·중 관계 두 사안을 분리해서 대응하면서 북한의 안정에 더 비중을 두는 대 한반도 정책에 있어서 중대한 전환을 시사하고 있다. 러시아는 러·중 협력과 공조의 한반도 및 동북아 정책에 함께 하면서도 역내에서 중국의 지배적 영향력이 형성되는 것에 대해서는 일정한 견제와 균형정책을 모색하려 하고 있다. 러시아는 북한이 체제안정을 바탕으로 점진적으로 개혁을 해 나가야 한다는 입장을 갖고 북한의 변화를 유도하기 위해 제3국에 의해 취해지는 어떠한 형태의 압력이나 제재 조치 또는 간섭에도 반대한다. 북한 내부의 정치적 불안이나 급격한 체제변동을 원치 않는다.

러시아가 중장기 국가프로젝트로 역점을 두고 있는 극동 및 시베리아 개발사업에 한국, 중국, 일본 등 동북아 주요 국가들이 참여해 에너지 수출시장의 다변화를 위해 동북아 및 태평양 국가들과의 협력을 확대하려는 계획을 갖고 있다. 따라서 러시아는 중국에 지나치게 의존함으로써 자국의 영향력에 제약을 받는 상황을 회피하기 위해 동북아 및 태평양 지역의 국가들과의 협력을 추구하는 과정에서 중국과 경쟁 내지 잠재적인 갈등이 예상된다.

한국은 동북아 지역과 한반도에 있어서의 역학구도의 변화와 러·중 관계의 미묘한 입장 차이에 주목해 한국의 국익을 최대화할 수 있는 방법을 모색해야 한다. 그러나 2016년 7월 한국과 미국이 중국과 러시아가 강력 반발하는 고고도미사일방어체계(사드·THAAD) 도입 배치를 북한 핵 위협을 명분으로 결정함으로서 향후 대 러시아 대 중국 외교는 아주 어렵게 불안정한 국면으로 접어들고 있다. 미·중간의 갈등 상황에서 북한에 의한 도발방지를 위해 한국은 러시아와의 협력이 더욱 필요하다. 한반도의 안정이 국익에 부합한다고 믿는 러시아는 북한에 의한 도발이 한반도의 평화를 해치는 것은 물론 이를 명분으로 중·미 간 개입과 경쟁으로 한반도 종주국 형태의 영향력을 행사하는 것을 절대 원치 않는다. 러시아는 한반도의 긴장을 고조시키는 북한의 도발행위에 대해 반대 비판하는 입장이지만, 북한에 대한 영향력 유지와 한반도 존재감 유지를 원하는 러시아는 북한에 대한 압박과 제재 조치에는 매우 신중한 입장을 나타내고 있어 한·미동맹에 대한 거부감으로 한국에 대한 거리를 두며 친북 비중을 확대할 가능성이 높다. 한국으로서는 러시아의 글로벌 외교 목표와 전략, 그리고 한반도 정책의 속성을 잘 활용해 한반도의 안정을 위해 러시아의 적절한 역할을 이끌어 내려는 노력을 기울여야 할 것이다.

한반도의 평화와 안정을 이룩하고, 지속적인 번영을 이루기 위해서는 한반도 주변의 4대 강대국과의 협력은 그 어느 때 보다도 중요해졌다. 그 중에서도 한반도 안정을 위한 중요한 축을 이루는 동시에 자원외교의 중요한 파트너인 러시아와의 협력은 매우 긴요하다.

러시아와의 협력에는 긴밀한 협력 체제를 유지해온 러시아와 중국이라는 양대 대륙세력의 협력관계도 매우 중요한 변수로 작용한다. 러·중 양국은 미국의 일극지배에 대한 반대를 공유하면서 군사·안보, 경제, 에너지, 다자협력기구를 통한 다양한 방면에서의 협력범위를 넓혀왔다. 특히 북한문제와 한반도 이슈에 대해서도 양국은 기본적으로 공통의 인식을 바탕으로 경쟁적 경계적이지만 협력기조를 유지해 오고 있다.

## 4. 러시아와 한반도 관계의 시대적 인식과 실용외교

러시아는 한국이 국제무대와 국제문제에서 절대적 미국 추종, 중국눈치의 외교정책에 대해 비자주적이고 객관성과 공정성이 없다고 판단하며 저항감을 가지고 있다. 그래서 친남한도 친북한도 아닌 등거리 외교를 한다. 모스크바는 러시아가 한반도 관계에서 전통적인 북한에서의 지위를 상실했고 남한에서는 얻은 것이 없다고 생각하고 있다. 그러나 푸틴3기 체제의 러시아가 시베리아극동개발과 아시아태평양 진출의 신동방정책을 가속화 하며 한반도평화안정과 통일미래에 관심을 보이고 진정한 상호협력 체제 구축 필요성을 인식하고 있다. 러시아는 국제적 리더십을 가지고 있는 주요국가 중 하나이다. 러시아 국민들이 꿈꾸는 유라시아 대국 실현의 필수 요소인 극동지역의 성공적 개발과 아시아 태평양 진출을 위해서는 한반도 관계가 아주 중요한 외교적 목표가 된다.

한국정부도 극동·시베리아 지역을 개발하고 아·태 국가와 협력을 강화하는 블라디미르 푸틴 대통령의 강력한 동진정책 리더십에 맞추어 정치·외교 경제 관계를 강화하는 새로운 북방정책을 추진해 나갈 계획을 밝히고 있다. 여기에는 한반도 안보와 평화안정에 러시아의 적극적인 역할을 기대하는 의도도 포함된 것으로 보인다.

한국정부는 러시아와의 경제협력 강화를 위해 5년전에 중단된 한·러 자유무역협정(FTA) 재추진 의사를 내놓았다. 민관 교류 협력 채널을 확대 가동하여 자원·에너지·인프라개발 등 극동개발 전반의 참여를 논의 한다는 것이다. 이런 면에서 푸틴 대통령이 야심차게 신설한 극동개발부는 양국관계를 밀접하게 할 창구가 될 전망이다.. 극동개발을 국가부흥 프로젝트로 하는 러시아로선 한반도 평화안정이 필수적이며, 한국기업의 참여가 필요한 상황이기 때문이다. 더불어 이 과정을 통해 상호간 안보적 이익도 공유할 수 있다고 보기 때문이다.

불안정한 한반도 주변 국제관계는 어두운 그림자가 존재하고 있다. 미국 · 중국 간 대립이 심화되고 대일 관계, 대중 관계 개선도 역사분쟁, 대북관계, 무역 마찰로 대립 양상이다. 동아시아를 무대로 미국 중심의 동맹정치 친미 진영과 중국·러시아 중심의 반미 진영이 대립하는 신 냉전적 대결 구도가 뚜렷해지고 있다. 유일하게 대 러시아 관계가 서로 충돌하지 않는다. 한국정부가 친러 정책을 심화적으로 발전시킨다면 두 나라 관계 향상은 물론 동북아에서 한국의 외교적 공간이 유익하게 확대될 수 있다. 러시아는 한반도 긴장 완화에 외교적 관심을 가지고 있으며 남북간 대화 화해 출구 노선을 지지하며 기여하려고 한다. 대외적으로는 한반도 안보 체제 구축을 위한 다자간 협상을 주장하고 있다. 러시아의 한반도 전문가들은 한국정부가 미국에만 의존하며 러시아 관계를 제대로 인식하지 못하고 소홀히 한 것에 아주 비판적이다. 남·북·러 삼자 협력 사업 제안도 한국과 미국의 강경노선 때문에 진전되지 못하고 있다고 보고 있다. 한국과 러시아는 한반도 종단철도와 시베리아횡단철도를 연결하고 남북 종단 가스관 부설 사업을 착수하는 남·북·러 협력사업을 추진해야 하는 중요한 과제를 가지고 있다. 이 과제가 실현 단계로 가면 남북 관계를 개선하며 러시아는 북한에 긍정적 영향을 미치는 방식으로 지원할 수 있을 것이다. 한국의 새로운 정부가 균형 잡힌 정책으로 미국주의를 극복하고 진정한 평화정치적 의지를 실행한다면 양국 관계의 무기력함을 넘어 새로운 도약 국면으로 진입하게 될 것이다.

한국외교안보 전략구상에 있어 대 러시아 관계는 장기적 안목이나 명확한 외교 전략을 수립하지 못한 채 경제외교와 대북 문제의 보완적 대상으로서 러시아를 상대하여 왔다. 러시아는 한반도의 분단, 통일, 번영의 역사에서 지정학적으로 가장 밀접한 국가이자 핵심적 역할을 수행할 국가다. 또한 러시아는 세계 주요 국제기구나 다자협력의 공간에서 영향을 미칠 수 있는 독자적 힘을 확보하고 있다. 중국외교에서도 중요한 기여와 보완적 협력이 가능한 국가다. 중국과 미국의 패권 확대 억지력을 구축하려는 시도도 하고 있다.

한반도 비핵지대화와 평화통일을 지지한다. 따라서 수사적 수준의 동반자 관계를 상호 신뢰하는 전면적·포괄적 동반자 관계로 격상하는 명실상부한 한러 관계로 발전시켜야 한다.

중국은 러시아와의 결속을 강화하고 있다. 패권 경쟁 양상으로 치닫고 있는 미국과 중·러의 대립이 격화될 경우 한반도는 고립무원이다. 중국과 동맹국인 미국 사이에서 균형을 잡는 것은 고도의 외교력이 요구되는 쉽지 않은 일이다. 북한 핵 문제는 물론이고 통일을 위해서도 미국과 중국, 러시아 모두의 협조와 지원이 필요하다. 한국 외교가 다극화 시대를 맞아 고난도 시험대에 직면해 있다. 푸틴 정부는 블라디보스토크 APEC 회의를 기점으로 극동개발과 동아시아 주변국들과의 경제협력을 활성화하겠다며 강력한 동진정책을 추진하고 있다. 이 동진정책에는 중국의 북한에 대한 영향력 확대를 견제하고 동시에 러시아의 존재를 부각시켜 한반도 주변의 새로운 질서 재편에 영향력을 증대시킨다는 전략도 포함되어 있다. 러시아와의 파트너십을 보다 적극적으로 고민하여야 할 시점이다. 러시아는 극동지역 개발 경제협력 파트너로 미국이나 중국, 일본보다는 한국을 전략적으로 제1의 파트너로 보고 있다. 한반도 주변국들이 자국의 이익을 위해 충돌하고 경쟁하는 현실에서 국익과 미래의 통일한국을 염두에 둔 러시아 균형외교를 펼쳐야 할 때이다. 미국과 중국이 주도하는 G2시대 등장의 한반도 주변 새로운 질서재편 형성과정에 능동적으로 대처하기 위해서 한국은 러시아와의 협력이 필요하다. 과거 제정러시아 시대의 동진이 아시아로의 정치 영토 확장을 위한 동진이었다면 블라디미르 푸틴체제의 러시아 동진정책은 한 중 일 경제협력 강화 등 경제영토 확장을 위한 동진이다. 한반도 남북 관계가 러시아 동진정책의 성패에 큰 영향을 줄 수 있는 변수다. 때문에 한-러 관계는 상호 보완적 공동이익이 일치하는 파트너가 될 수 있다. 그럼에도 불구하고 한국의 미국주의가 이를 간과하고 있는 것이다.

러시아는 중국보다 더 한반도 비핵화 문제에서 단호한 입장을 보이고 있지만 한반도 긴장 고조로 인해 한국, 미국, 일본 등 주변국들이 군비를 증강하는 것에 반대하고 있다. 예상되는 한반도 문제의 대화국면 전환에 대비하는 북-중-러 한반도프로젝트가 논의되어 가는 과정이다. 한-미-일 공조에 의구적 적대감을 갖고 있다.

한국과 러시아의 교역 규모는 200억 달러에 달하고 투자와 합작 부문에서 새로운 영역의 협력공간이 매우 크다. 특히 남·북·러 가스관 연결사업과 한반도종단철도(TKR)와 시베리아횡단철도(TSR) 연결 프로젝트는 통일한반도 미래와 러시아 동방정책의 국가적 이해와 가치가 결합하는 공동의 국제연대 협력 모델이다. 지정학적 역할과 북-러 관계 복원의 정치적 영향력을 도모하고 있는 러시아 위치는 북한 핵 문제 해결 과정에서도 공조와 협력의 필요성이 커지고 있다. 러시아는 전통적인 유럽 중심의 대외정책을 아시아로 이동하는 외교정책으로 선회하고 있다. 강한 러시아 재건을 표방한 푸틴 대통령은 국제사회에서 정치적 경제적 파워 국가를 만드는데 총력을 기울이고 있다. 이러한 러시아의 선택은 극동시베리아 지역에서의 중국의 부상에 따른 경제적, 인구학적 영향력 증가를 완화시키고 동북아 리더십을 확보하여 아·태 국가들과의 경제협력체를 구축하겠다는 구상이다.

러시아는 극동 개발과 경제협력 프로젝트에 한반도의 안정과 평화가 필수적이라는 인식을 하고 있다. 러시아의 국가지도자 푸틴은 2012년 "모스코브스키예 노보스티"지에 기고한 "러시아와 변화하는 세계" 제목의 글에서 북한의 핵 억제는 남·북이 상호 신뢰하에 대화가 재개되어야 한다고 기술하고 있다. 이런 관점에서 보면 러시아는 남북문제 및 한반도 통일에 긍정적인 역할을 해 줄 수 있는 국가 중의 하나이다. 현상적으로 보면 중국과 러시아는 북한에 대한 영향력 강화 노력이 한층 심화될 전망이다. 아울러 동북아지역에서의 중국 영향력에 대한 러시아의 견제는 지속될 것이다. 북한 로켓발사에 대한 유엔 안보리 대북 결의 2087가 만장일치로 채택되는 과정에서 중국과 러시아는 다른 국가들과 달리 국제사회 관련국들의 북한 제재가 신중하게 실행되어 한반도의 평화·안정을 지켜나가기 위해 냉정과 절제를 유지하는 가운데 정세를 악화시키는 어떤 행동도 하지 않아야 하고 결의안은 중립적이고 지역의 안전에 기여해야 한다며 한반도 및 동북아의 안정 수호를 위한 역할 노력을 해 나가야 한다는 점을 강조하고 있다.

남-북-러 3자 경제협력 프로젝트 실현은 한반도 통일로 가는 길이다. 한-러 양국은 아태지역의 경제적 정치적 파트너로서 필연적인 공통의 이해를 같이하고 있다. 이를 통해서 한국은 역내 중견국으로서의 입지를 강화할 수 있다. 이렇게 되면 한반도를 무대로 전개되는 강대국 간의 갈등 고조 요인, 미-일 대 중-러의 첨예한 대립을 억제하고 세력균형의 실리적 외교정책을 구현할 수 있을 것이다.

러시아가 평양으로 가는 철도 가스 전력 라인을 따라 동진정책을 진행하고 있다. 최근 북한과 러시아 사이에 교류가 활발해지고 있다. 러시아가 동아시아로 가는 중요한 전략적 변화이다. 한반도는 러시아의 동아시아 관계에서 매우 중요한 위치에 놓여 있다. 소련이 해체된 후 러시아는 남한과 경제적 우호 발전에 외교적 비중을 두면서 북·러관계는 상대적으로 냉각되고 소외 되었다. 그러나 2000년 블라디미르 푸틴이 집권한 후 북한과 관계를 개선하고 남북한 균형정책을 실시하기 시작하였다. 러시아 지도부는 동북아와 한반도 국제정치에서 중국 미국 일본 중심의 질서를 러시아의 발언권과 영향력을 강화하고 균형자적 역할 담당하는 대국의 위치로 복원 전환하는 목표를 가지고 있다. 이름하여 동진정책인 이 실행 계획의 핵심에 북한과의 관계개선이 있다.

북한은 중국의 제한된 지원에 의존해 생존하면서 미사일 등 군사무기와 핵무기를 발전시켜 한·미·일에 대항해왔다. 이러한 현실에서 북·러 관계가 밀접해지면 북한은 고군분투하던 상황에서 벗어나게 된다. 아울러 북한은 지위가 다양해지고 향상 될 수 있다.

소련 해체 후 동북아 한반도 구조는 균형을 잃고 미국의 일방주의적 대북정책으로 불안정한 상태와 긴장관계를 유지하여 왔다. 러시아는 북한과 관계를 회복하고 개선할 경우 아태지역과 동북아에서 중심국가의 지위로 자리하는데 유리하다. 더불어 철도 가스 전력이 한반도를 관통하면 극동지역 개발 발전과 경제적 이익으로 국가적 부흥에 크게 기여하게 된다. 이렇게 동아시아로 동진한 러시아는 미국 중국 일본을 견제하는 영향력 있는 균형국가가 될 것이다. 러시아의 군사력은 미국에 버금가는 수준이다. 러시아 동진정책으로 균형을 잃었던 동아시아 및 한반도의 군사, 경제 구도가 변하게 되면 이 지역의 안전과 안정 그리고 6자 회담과 북한의 핵 폐기 프로세스에도 기여하게 되며 북한의 경제발전에도 도움을 줄 것이다.

  북·러 관계가 개선되는 것은 동북아지역의 경제공동체와 한반도 통일에도 새로운 기회를 제공하는 것이다. 실질적인 실행은 되지 못하고 있지만 연해주 블라디보스토크에서 열린 남-북-러 철도 운영자 회의를 통해 한-러, 북-러 철도협력 양해각서와 협정서를 체결하고 북·러가 추진하고 있는 1100km나 되는 천연가스관 설치 합의는 동북아지역과 한반도 안정에 새로운 서광이 될 수 있다. 강력한 제정 러시아를 위해 태평양 진출로 동진했던 역사적 경험을 현대 러시아는 한반도를 발판으로 철도 가스 전력으로 뻗어 아시아-태평양-유라시아를 잇는 신 동진시대로 열어가려고 하고 있다. 이미 이 역사는 시작되었다. 나진-하산 노선인 북-러 국경철도 개량 및 현대화 사업에 재정투자가 진행되고 있고 항만시설이 건설되고 있다.

북·러 관계가 좋아지면 우려와 달리 중국에게도 긍정적인 기여를 할 수가 있다. 중·러가 북한에서 이익을 두고 갈등을 빚거나 경쟁을 해야 되는 경우도 발생하겠지만 경제적으로 러시아와 중국이 공동으로 북한을 원조하게 되면 북한의 경제와 개혁개방에 도움이 되어 중국의 정치적 경제적 사회적 부담을 덜어 주게 되며 북한의 중국 속 국화 우려와 반발을 불식시킬 수 있기 때문이다.

## 5. 한국과 러시아의 파트너십과 새로운 미래

한반도를 향한 모스크바의 정책은 20세기 말 U턴을 경험하게 된다. 소련은 1980년 말까지 주요 이념적 이유로 한편으로는 남한을 무시한 채 한반도의 다른 국가인 북한만을 인지하고 있었다. 이때 소련의 외교와 국내 정책 그리고 남한과의 외교 관계 설립으로 서울과의 신속한 화해와 평양과의 급격한 한랭 관계가 발생한다.. 이러한 결과는 러시아가 한반도 두 국가와 외교관계를 유지하던 강국으로서의 독특한 지위를 이용할 기회를 잃게 된다. 결국 이런 과정은 한반도에서 러시아 영향력의 급격한 손실을 가져왔고, 그런 정책의 결과로, 모스크바는 한반도 첫 번째 핵 위기 협정과 KEDO(한반도 에너지 개발기구) 설립에 참석하는데 배제된다. 거슬러 올라가면 모스크바는 1953년 휴전협정(미국, 중국, 북한과 남한의 4자 회담의 참석)에도 초대 받지 못했다. 한반도 현대사의 국제관계에서 중요한 역할과 위치를 가지고 있었음에도 미국과 중국에 비해 상대적으로 소외되어 왔다.

한·소 수교가 한·러 외교 관계로 이행되면서 1990년대 러시아 외교는 한반도를 향한 균형 있는 정책을 찾기 위해 북한과의 소외 극복에 남한과의 과거역사를 극복하는데 다 소비를 하였다. 러시아는 한반도 두 국가와의 우방관계 유지를 위한 양다리 작전을 폈다. 그러나 한반도에 대한 모스크바 정책의 변화는 한반도 상황에 영향을 주는 러시아의 위치나 한반도 평화 안정에 가치 있는 역할을 할 수 있는 이해 당사국 국제세력으로서의 외교적 비중을 평가 받지 못하였다. 그러다가 2000년과 2007년 남북한 정상회담의 화해무드는 러시아가 한반도 통일에 각별한 관심과 기대를 갖는 계기가 되었다. 크렘린은 한반도 남북 화해가 러시아 경계 군사 갈등 위협을 제거하고 한반도와 러시아의 경제 협약 개발을 위한 환경 증진 및 동아시아 진출의 다각적 경제 프로젝트를 현실화 하는 핵심 교두보가 마련된다는 기대를 갖게 되었다.

러시아의 한반도 평화 시나리오는 한반도 평화와 안정을 유지하는 것이지만 그 과정과 통일된 한반도가 미군이 주둔하는 미국의 영향력이 지배하는 그런 평화 통일에 대해서는 아주 경계적이다. 러시아의 전문가들은 한반도 평화를 위해서는 미군이 남한에 계속 주둔하는 것은 종식될 필요성이 있다고 주장하고 있다. 러시아는 한국에 주둔한 미군이 남한에 설치할 사드 THAAD는 북한 핵 위협을 빌미로 한반도를 긴장지대로 이슈화 하여 동북아 지역 힘의 균형을 차단하려는 목적이라고 보고 있다. 한반도의 정상화는 러시아의 국가적 이익에 완전히 부합하기 때문에 정치적 경제적 이유 모두로 러시아는 한반도 통일에 중대하게 관심을 갖고 있다. 이에 대한. 러시아의 확실한 입장은 정치적 외교적 방법만을 통하여 이 목적을 달성할 수 있다는 것이다.

한국과 러시아는 역사적으로나 지정학적으로 시대적으로 유용한 실용적 밀접성과 공통가치의 공유 국익을 가지고 있다. 한반도 종단철도(TKR)와 시베리아횡단철도(TSR) 연결, 가스관 연결 사업, 나진-하산 프로젝트 사업에 남·북·러 삼각협력이 정치적 경제적으로 합작화 된다면 양국이 지향하고 있는 한반도 평화 안정 통일, 동북아 균형적 평화질서 구축, 유라시아 시대 전개, 국제사회의 다자협력 등이 지속성을 갖고 선순환적으로 가동될 것이다. 러시아는 중국의 아시아 독점 위상을 해소하기 위해서 한반도 영향력과 다자기구 등을 통해 아시아 국가들과의 유대를 강화할 필요성을 인식하고 있다. 이것이 러시아 푸틴 대통령이 추진하는 신동방정책의 핵심이다.

한반도는 러시아 아태지역 외교에서 관문적 지정학적 위치로 중요하다. 그렇기 때문에 러시아는 한반도에서 남북한의 평화공존을 중요시하며 통일 한반도의 균형자 역할을 구상하고 있다. 이를 위해서는 무엇보다도 남북관계 개선이 필수적이다. 그래서 자율공간이 없이 미국의 관리구조인 한국의 대북정책에 불만과 안타까움을 갖고 있다. 현재의 동북아 질서에서 러시아가 단독으로 역할을 하기에는 한계가 있기 때문에 한국이 5.24 조치 해제와 더불어 남북 경협사업과 민간교류가 활성화 되어야 남북관계 진전, 북핵문제 진전이 연결 된다고 믿고 있다.

한국의 러시아를 통한 나진-하산 프로젝트 참여와 관련 러시아와 북한은 사실상의 국책사업으로 성격화하여 추진하지만 한국은 주변국과 국내 사정을 의식하여 민간경제 프로젝트처럼 접근하며 러시아 역할만 주장하는 것에 러시아는 불만이고 회의적이다. 우크라이나 사태로 미국과 러시아 관계가 악화되면서 모스크바 전승절 기념행사 방해 같은 한국과 러시아 관계에 부정적 영향을 미치고 있다고 생각하고 있다. 한국과 러시아가 투합하여 추진하고 있는 유라시아 이니셔티브도 구체화할 경우 미국의 반대가 따를 것으로 보고 있다. 이러한 러시아 인식을 한국은 독립적이고 자율적 태도로 불식시키는 노력을 하여야 한다.

남·북·러 삼각협력을 가시화 하여 북한의 개혁 개방을 유인하고 남·북간의 인도적 문제 전진과 이를 통한 한반도 평화 안정을 구축하기 위해서는 남북관계 및 북·러 관계가 공히 발전 되어야 한다. 한국의 5.24 조치나 유엔 안보리의 대북제재에 구속되지 않고 우회하여 추진하는 가능한 접점 방안을 마련해야 한다.

에너지 분야에서의 협력하고 있는 북·러 관계는 북한이 러시아와의 협력으로 중국 일변도의 석유자원 의존구조를 탈피하는 대응을 하고 있다. 러시아는 북한의 1차 핵실험 이래 국제사회의 제재국면에서 대북 석유수출 축소 기조를 유지하다가 과거의 수준을 회복하였다. 2013년 9월 북·러 양측은 극동 하산역과 나진항 간 54km 철도 구간을 개통하였고 나진항 3호 부두 개보수 공사도 완성하였다.

러시아 최고위급 인사들이 북한을 방문하며 북·러간 협력을 강화하고 있다. 2015년 4월 유리 트루트네프(Yuri Trutnev) 러시아 부총리 겸 극동연방지관구 대통령 전권대표와 로두철 북한 내각 부총리 등 양측 고위인사들이 회담을 하고 소방차 수십 대 기증과 북한 철도 현대화 협력합의서를 체결하였다. 한반도 문제에서 북한 변수의 중요성을 인식하고 있는 러시아는 대북 우호협력정책을 적극적으로 추진하고 있다.

러시아는 우크라이나 사태로 인해 미국과 서유럽의 제재 상황을 당하면서 중국과 밀착관계 연대로 미국을 견제하고 있다. 이로 인해 극동지역은 과도하게 중국에 치중되어 한국의 대륙 전진기지 개척에 장애적 요인으로 작용하고 있다. 북·중·러와 남·북·러 삼각협력이 공존하는 유라시아 이니셔티브의 현실적 방안을 검토하는 것이 필요하다. 러시아는 남북한과 등거리 외교를 시행하고 있으며 남북한 양자와 모두 좋은 관계를 유지하여 동북아 지역과의 협력을 확대하려고 한다. 러시아는 극동 지방 경제개발을 위한 대외 파트너로서 남북한을 모두 필요로 하며 이를 위해 한반도의 안정을 바라고 있다. 세계는 다극적 체제로 이동 중이며 새로운 세계질서에서 러시아의 위치와 신동방정책은 한반도 미래에 중요하고 밀접한 관련을 갖고 있다.

한국과 러시아 관계는 지난 25년 동안 정치 외교적으로 우호 협력 기조를 유지하며 전략적 협력 동반자 관계로 성장 발전하여왔다. 그러나 전략적 협력 동반자 관계를 내실화하고 전진시킬 수 있는 메커니즘 구축이나 실질협력이 미흡하여 실제적으로는 선언적 수사(rhetoric)에 불과하다는 것이 양국 전문가들의 지배적 의견이다.

그동안 양국관계가 적지 않은 마찰과 갈등에도 불구하고 인적 교류와 경제부분에서 꾸준히 성장과 발전을 지속해온 것은 분명하다. 그러나 두 나라의 상호협력 필요 가능성과 잠재력에 비해 실질적인 성과가 부족한 것이 사실이다. 한·러 관계 25년의 역사를 되돌아 보면 협력과 갈등, 성장과 정체의 부침을 겪어왔다. 이러한 배경에는 남북한 분단의 지정학적 현실과 한국 대외정책에 절대적 영향을 갖고 있는 한미동맹, 글로벌 패권정치가 양국의 균형외교를 가로막기 때문이다.

한국정부 3대 외교의 핵심정책인 한반도 신뢰프로세스, 동북아 평화협력 구상, 유라시아 이니셔티브의 추진은 러시아의 지지와 협력이 절실히 필요하지만 미국의 간섭과 통제로 아무것도 하지 못했다. 러시아 푸틴 대통령의 동진정책 성공을 위해서는 남·북·러 3각 협력 확대를 통한 한반도의 평화 안정과 한국의 협력이 필요하다. 따라서 전략적 공통분모를 가지고 있는 한국과 러시아는 정치 경제적으로 독립적 균형동맹 방식의 새로운 외교 패러다임을 양국관계의 새로운 터닝포인트로 고려해 볼 필요가 있다. 이러한 실질적 전략적 협력 동반자 관계가 이루어진다면 미국과 중국의 양자관계에 의해 영향을 받는 동아시아 질서에서 한·러 관계는 균형적 안정화 세력으로 상호 윈-윈하며 새로운 도약의 시대를 열어갈 수 있으리라고 본다.

한국과 러시아의 실용외교와 공통가치로 신뢰하는 돈독한 파트너십을 형성하여 새로운 미래를 열어가는 양국의 실질적인 노력이 필요한 시점이다.

## 6. 태평양 시대 허브를 향한 푸틴 동진정책과 한반도

러시아의 동진정책 핵심에 한반도가 있다. 러시아 중국 및 북한과의 협력을 통한 '북방 루트'가 형성되고 있는 것이다. 러시아와 중국의 북한 나진항 장기사용권과 두만강 개발계획 철도 연결 및 가스 파이프 라인 공사 등이 진행 논의되고 있다. 여기에 동북 3성 개발에 심혈을 기울이고 있는 중국은 북한의 나진항과 인접한 훈춘지역으로 이어지는 '창지투(長吉圖: 창춘-지린-두만강유역)' 개방 선도구 사업을 확정했다.

소련연방시대 세계적 영향력 회복의 강성대국 러시아를 주창하는 블라디미르 푸틴 대통령의 아시아 중시전략에 따라 극동지역 개발이 활발하게 전개되고 있다. 그 상징이 교각 간 거리가 1104m로 세계 최장이며 높이도 324m로 세계 최고를 자랑하는 루스키섬 연륙대교이다. 이 연륙대교는 블라디보스토크를 출발로 '태평양 시대'라는 미래 러시아의 희망과 야망을 현실화 하는 대규모 투자이었다.

1880년 블라디보스토크가 시로 승격하였지만 저개발 상태로 발전을 못하던 이 지역에 200억~230억 달러(약 22조~25조원)에 달하는 집중 투자가 이루어지면서 가스 전기 발전 시설, 항만 철도 현대화, 도로 주택 건설 등이 갖추어지고 러시아인의 주류인구도 증가하고 있다. 푸틴 대통령과 메드베데프 총리가 진두지휘한 2012년 9월 8~9일 개최 APEC 은 러시아 동진정책의 전진 분수령이 되었다.

푸틴 대통령은 시베리아·극동 개발과 한반도 아시아를 연계 미국의 아시아 전략에 맞서는 아·태 연대를 가속화하는 대외정책을 펼치고 있다. 이른바 '푸틴의 플랜'으로도 부르는 블라디보스토크-극동 개발 구상은 블라디보스토크를 신경제도시, 루스키섬을 첨단 기지로 하는 경제특구 기능을 갖추는 아시아 중심기지로 만드는 것이다. 이를 위해 2020년까지 2조 루블(약 80조원)을 투입하는 것으로 되어 있다. 러시아는 유럽 중시 시대 상트페테르부르크를 유럽게이트로 삼았던 것처럼 블라디보스토크를 아시아의 게이트로 만들기 위해 역동적인 노력을 기울이고 있다.

러시아는 아시아-태평양이 세계경제의 중심무대로 부상한다는 판단아래 북한으로부터 50년간 나진항 사용권을 획득하였고 두만강 개발 사업 및 북-러, 중-러 철도·도로 연결, 그리고 가스파이프 라인 선설 능 경제협력에 적극 나서고 있다. 이러한 프로세스 과정에 북한과 러시아가 공동 경제 프로젝트들의 실현을 진행시키기로 합의하였다. 2012년 6월 북·러가 합의 체결된 협력 프로젝트에 따라 하산으로부터 북한 나진항으로 이어지는 철도가 러시아의 자본으로 2016

년 완공 개통되고 운행되고 있다.

　러시아는 하산-나진 철도 연결을 TSR과 TKR 연결 사업의 시범 프로젝트로 보고 있다. 양측의 회담 합의에 따라 김영재 러시아주재 조선특명전권대사와 이고리 모르굴로프 러시아 외무차관은 2012년 7월 5일 모스크바에서 북-러 국경질서에 관한 조약을 체결하였다. 아시아 태평양 시대를 향한 러시아의 동진정책이 한반도를 발판으로 전개되고 있음을 보여주고 있는 것이다.

　푸틴은 아시아 태평양 지역에서 러시아의 영향력 확대를 위해 동진정책을 진두지휘하고 있다. 그리고 북한에 아주 우호적이다. 미국 주도의 국제사회 대북 제재에도 러시아는 북한에 대한 협력과 지원을 사실상 중단하지 않고 있다. 러시아와 중국이 북한을 경쟁적으로 지원하고 이에 따라 북한의 지위가 향상적으로 변화된다면 한반도 문제는 새로운 지형이 형성될 것이다. 미국 절대 의존, 한·미·일 공조의 대결정책으로는 남한은 북한과의 관계에서 소외되거나 당사국의 지위를 잃어버리는 처지가 될 것이다. 한반도를 둘러싼 국제세력들의 권력 구조와 이해관계가 전환되고 동북아의 신질서가 예고되는 터닝포인트 시점에서 한국정부도 진정한 한반도의 미래를 위해 고민하고 대비하고 행동하는 자세와 정책이 절실히 필요하다.

## 후기

# 유라시아 대륙의 구절초
# 까레이스키

한-러 관계는 조선-대한제국-일제식민지-광복-분단-대한민국-조선민주주의인민공화국-한국전쟁, 제정러시아-러시아혁명-사회주의-소련연방-러시아연방으로 이어진 한반도 러시아 국가변혁역사의 굽이굽이에서 부딪치고 협력하며 거의 4세기 세월 동안 함께 이웃한 유라시아 인류사의 한 줄기이다.

실제로는 더 오랜 역사이지만 공식적인 사료기록을 기준으로 2014 갑오년은 한민족 러시아 이주 150주년으로 2017년은 고려인 중앙아시아 정주 80년이된다. 이 사초에는 러시아 땅에서 조선민족에 행해진 스탈린의 중앙아시아 강제이주, 일제의 사할린 강제징용의 사무치는 통한의 한겨레 수난사가 있다. 러시아는 한반도 독립운동의 발원지이자 독립군이 창설되고 임시정부 국민회의가 수립된 우국지사들의 희생적 활동무대 이었다. 이곳에서 선열들이 사회주의를 만나고 경험했으며 세계관을 넓히고 해방과 평등, 민주주의와 민족주의, 공동체를 외치며 시대에 저항하였다.

그러나 러시아 고려인사는 흘린 땀과 피, 고통의 역사에 비해 너무나 잔인한 삶을 살아온 참담한 통사이다. 공산주의 땅에서 살게 된 역사적 잘못으로 인하여 민족적 공적이 미천한 다른 나라 다른 지역의 한인사회에 비해 간과되고 아직도 동포로서의 비통이 과속되고있다. 러시아 한민족의 삶은 굴곡진 역사의 비사(悲史)이자 제대로 조명되지 못한 비사(秘史)이기도 하다. 사회주의 속의 역사라는 이유로 일제강점기 러시아에서 펼쳐진 독립운동 민족운동 및 비극적 사건들이 반공 우익 기득 지배세력들에 의해 아직도 제대로 조명되지 못하고 배척되고 가려지고 주목 받지 못하고 있음은 심대한 역사적 과오이며 통절할 일이다.

러시아에서 전개된 한민족의 대륙사(大陸史)는 코리안 데이지 이다. 연해주-시베리아-사할린 극동의 소비에트 조선인-고려인사는 애절하고 처절했고 참혹했다. 이 가혹한 고난과 역경을 넘어 고려인-고려인사회는 귀중한 민족적 자산이 되었다.

구절초(九節草: 코리안 데이지Korean Daisy)라는 꽃은 아홉 번 꺾이는 한반도 토종의 풀로 동북아-유라시아 산기슭이나 풀밭에서 자라는 야생화이다. 땅속 줄기는 옆으로 길게 뻗으면서 번식한다. 줄기와 가지에서 피는 꽃은 아름다운 향기가 있다. 분홍빛 도는 꽃대는 개화하면서 흰색으로 변하여 한 포기에서 대여섯 송이씩 풍성해 진다. 고려인들이 살아온 살아가고 있는 생명력이다.

이 책은 소련의 한민족사에 천착해온 한 정치학자의 유라시아 대륙 한반도 한민족 실록 서사서이다. 저자는 지난 25년간 러시아 모스크바, 상트페테르부르크, 블라디보스톡, 하바로프스크, 시베리아 치타, 돔스크, 이르쿠츠크, 카자흐스탄 알마타, 우쉬토베, 우즈베키스탄 타슈켄트에 산재해 있는 아히부(archives)문서와 관계자들, 고려인들을 만나는 증언 탐사의 고단한 대장정을 하였다.

그동안 저자는 러시아 모스크바대학 경제학부, 미국 조지워싱톤대학 러시아유라시아연구소, 한국 명지대학 북한학과 재직 시 세 차례에 걸쳐 『유라시아의 고려사람들』 『조선공산당사』 『러시아한반도한민족통사』 세 권의 비록 출판을 통해 소련의 고려사람들, 러시아 말로 이름하여 까레이스키 통사를 찾는 노력을 하여 왔다.

그러나 아직도 귀중하고 고귀한 가치를 지닌 유라시아 고려인 역사의 진실과 정체성이 제대로 인식 조명되지 못하고 여백으로 남아있다. 이 여백을 채워야 하는 과업은 한 정치학자의 애절을 넘어 민족적 역사적 시대적 과제이다. 이에 기여하는 소임을 갖고 고려인 중앙아시아 강제이주 80년 이를 기억하는, 흔적과 숨결의 역사를 찾는 분들을 위해 증보하여 유라시아 대륙의 한반도 한민족 통사를 펴낸다.

## CIS KOREAN 그들은 누구인가
### 고려인강제이주80주년 대한민족통사

# 고려사람들
# 까레이스키

| | |
|---|---|
| 지은이 | 이창주 rhee@koreanglobalfoundation.org |
| 펴낸이 | 김미혜 |
| 펴낸곳 | 국제한민족재단 출판국 |
| | |
| 편집교정 | 국제한민족재단 출판국 |
| 인쇄처 | 성심인쇄 |
| 인쇄일 | 2017년 5월 20일 |
| 발행일 | 2017년 5월 20일 |
| | |
| 등록 | 제300-2015-33호 |
| 주소 | 서울시 종로구 새문안로 92 광화문오피시아 2001호 |
| 전화 | 02) 730-7530 |
| 팩스 | 02) 730-7539 |
| E-mail | info@koreanglobalfoundation.org |
| Homepage | www.koreanglobalfoundation.org |

정가 20,000원
ISBN 979-11-9582-661-2  93300